船井総研の実務シリーズ 1

多店舗展開の基本実務

株式会社船井総合研究所
流通業活性化プロジェクト

すばる舎リンケージ

はじめに

　日本では今、少子高齢化が人々の生活にも消費環境にも大きな影響を及ぼしています。バブル崩壊後、長きにわたり「不況」「不景気」という言葉が色濃く日本中を覆い尽くし、企業と消費者を悩ませてきた上での少子高齢化ですから、影響は深刻です。
　店舗ビジネスももちろん例外ではありません。
　かつて、バブル景気までの店舗ビジネスは、70年代に始まったチェーンストア化の流れに乗って、「早い者勝ち」とばかり、出店と大型化が進み、つくれば売れる、売れればつくる、その繰り返しで進展してきました。大量出店により、飛躍的な成長を遂げた企業も少なくありません。
　その時代、経営者および経営幹部は、大いに学び、大いにチャレンジし、企業の成長と業界の発展、そして地域への利益還元、雇用創出に、血と汗を流したものです。
　われわれ船井総合研究所の創業は1970年。創業者である船井幸雄も多くの流通企業の経営コンサルティングに携わり、その活動のなかで個店主義、一番店理論を確立しました。その理論は、チェーンストア理論とともに流通業の近代化と発展に貢献したものです。

　ところが今や、出店すれば成功するというようなケースは稀になり、むしろ安易な出店は深刻な禍根を残すようになっています。さらにIT、通信、物流などの技術と機能の発展により登場したネット上のバーチャル店舗の存在が店舗ビジネスに大きな影響を与え、売上維持さえ困難な状況に陥っているリアル店舗もあります。
　人々の日常生活がある限りリアル店舗が消えることはないでしょう

が、リアル店舗とネット上の店舗とを連携させる「オムニチャネル」のような新しい概念が新たな時代をつくり出そうとしているのはご存じのとおりです。

　このように店舗ビジネスの難易度が高まった時代における店舗事業、顧客への真の満足感の提供はどうあるべきかを整理して示し、経営者および経営幹部はどういうビジョンと戦略をもって店舗経営に立ち向かえばいいのかをまとめたのが本書です。

　チェーンストア理論や個店主義、一番店理論はすでに過去のものなのか、正しいか否かといった論議を目的とするものではありません。
　世界で類を見ないほどの高齢社会と市場の成熟化が進みつつある今、店舗ビジネスに取り組むすべての事業者に、明るい未来を見出していただくヒントを提示したいと願い著したものです。

　どのような時代であろうと、「店はお客様のためにある」という真理は不変です。
　この真理の追求に軸足を置いて、小売業・飲食業・サービス業の皆様が、出店戦略と多店舗展開戦略のあり方の要諦と実務を理解され、夢をもって仕事に取り組んでいただければ幸いです。

2016年10月吉日

　　　　　　　著者を代表して
　　　　　　　株式会社船井総合研究所
　　　　　　　上席コンサルタント・執行役員　　岡　聡

多店舗展開の基本実務――もくじ

はじめに……………………………………………………………………3

第1章　小売業・サービス業における多店舗化の歴史

- ■チェーンストア理論と個店主義、一番店理論………………………12
- ■業態と販売手法の編成…………………………………………………12
- ■店舗開発の最重要課題は「フォーマット」の選択…………………15
- ■同質化とともに成長した多店舗展開…………………………………16
- ■出店フォーマットの洗練とドミナント戦略…………………………23
- ■小商圏主体：個店から専門店の時代…………………………………29
- ■中型商圏主体：量販店から大型化、総合化の時代…………………32
- ■広域商圏主体：総合店、大型専門店の時代…………………………37
- ■中から小商圏主体へ：個性店、利便性の時代………………………39
- ■業態別中心価格帯の変化………………………………………………41
- ■マルチチャネル化、オムニチャネル化による新たな変化…………44

第2章　人口減少時代の小売業経営とは

- ■日本における小売業の動向……………………………………52
- ■小売業と人口との関係…………………………………………53
- ■人口動態に対応した今後の小売戦略のあり方………………56
- ■1人当たり年間消費額とシェア発想…………………………57
- ■日本は地域により購買行動が変わる…………………………60
- ■将来における商品別の売上も予想できる！？………………62

第3章　これからは一番店の多店舗化時代

- ■一番店多店舗戦略の要諦………………………………………68
- ■勝つための戦略を構築する……………………………………70
- ■愛される店舗事業の要件………………………………………73
- ■地域変数の徹底活用……………………………………………77
- ■一番店づくりの前提は「セグメンテーション」「ターゲティング」「ポジショニング」……………………………………………80
- ■標準と地域対応のウエイトバランス…………………………85
- ■顧客との距離を短く……………………………………………90

第4章　出店とフォーマット

- ■立地選定の基本…………………………………………………98
- ■商圏理解と地域変数活用………………………………………103

■顧客利便性を意識したフォーマット……………………………109
■駐車場、駐輪場から始まるゾーニングとレイアウト…………114
■ワクワクさせるストーリー………………………………………120

第5章　一番店のマーチャンダイジング

■マーチャンダイジングの基本……………………………………126
■売上の因数分解……………………………………………………128
■適品、適所、適時、適量、適価……5つの適正………………133
■仕入れ政策の基本…………………………………………………137
■ロス対策……………………………………………………………140
■インストアプロモーション………………………………………142

第6章　勝つためのオペレーションの基本

■ストアコンセプトを表現するゾーニング………………………148
■動線計画の基本……………………………………………………150
■知っておきたい売場の基本………………………………………156
■店舗在庫の低減に向けて…………………………………………163
■レイバースケジューリングプログラムの基本…………………166
■マニュアル化領域と定着へのシナリオ…………………………168

第7章　組織体制と人材育成の基本

- ■一番店の多店舗化マネジメントにおけるポイント……………174
- ■組織設計の基本原則と注意点………………………………175
- ■機能設計の基本……………………………………………176
- ■職務における役割・能力…………………………………177
- ■トータル人事制度構築のすすめ……………………………185
- ■役職とキャリアアップに関する考え方………………………186
- ■ミッションと評価指標の設定………………………………187
- ■社内共通言語化……………………………………………189
- ■採用力の向上と現場環境の向上……………………………190
- ■会議体のあり方とコミュニケーション力の向上………………191

第8章　負けない仕組みとしてのマネジメント

- ■顧客関係管理の基本…………………………………………196
- ■収益管理のための基本指標づくり…………………………200
- ■コスト構造とコストコントロール…………………………205
- ■大切な指標「ジムロイ（Gross Margin Return On Inventory）」208
- ■全社で共有すべき売場面積1㎡当たり売上と労働生産性………210
- ■当たり前の武器としてのABC分析…………………………213
- ■大切にしたいROAとROE…………………………………216

おわりに………………………………………………………220

装　　幀　川島進デザイン室
編集協力　中山秀樹
図　　版　李佳珍

第1章
小売業・サービス業における多店舗化の歴史

これまでの歴史を振り返りながら多店舗展開のあり方を学ぶ……。
それがこの章の狙いです。
本題に入る前に、店舗ビジネスの現場で頻繁に使われる用語について
理解しておきましょう。

■チェーンストア理論と個店主義、一番店理論

　まず、これから店舗ビジネスを勉強していこう、店舗ビジネスの明るい未来を探ってみようという方のために、本書で示すチェーンストア理論、個店主義、一番店理論の基本を整理しておきます。

チェーンストア理論
　チェーンストアとは、正確には店舗を10以上展開している店舗網を指します。多数の店舗を開発運営するための思想と、効率的な運用の仕組みを論理的に定義したのがチェーンストア理論です。
　理論の根底には、バイイングパワーの獲得による利益追求と、バイイングパワーに基づく流通主導権の獲得という目標があり、マス（大量）理論がベースになっています。

個店主義、一番店理論
　狭義においては品揃え、価格、品質、サービスなど物理的・数理的な面での一番化のことです。競合に打ち勝つための店舗政策理論として発展しました。
　現在では広義にとらえ、販促や接客、サービス、営業時間などを含むすべての商的差別化構成要素をチェックし、競合に飲み込まれない店づくりをトータルに実現するための理論として用いられています。

■業態と販売手法の編成

　次に「業態」および「業態類型」について説明しておきます。

「業態」は販売形態による区分

　「業態」というのは、特定の企業や店舗を指すものではありません。百貨店、総合スーパー（GMS）、食品スーパー、コンビニエンスストア、ホームセンター、ドラッグストア、ファミリーレストラン、居酒屋……さまざまある店舗を、販売形態によって分類したものです。

　八百屋、肉屋、魚屋、本屋というような区分は、取り扱う商品の種類によって分類されたもので、これらは「業種」といいます。それに対して「業態」は、「どんなふうに売っているのか」という分類になります。

　店舗を運営する企業同士は独立しており競合関係にあっても、価格、品揃えなどについての考え方は複数の個別企業間で共有されており、マーケティングについて集団的な行動が観察されるグループを指す概念（集合名詞）なのです。

　ですから同じ業態の企業は、類似した考え方で店舗を管理・運営します。現在では、価格や品揃えだけにとどまらず、物流システムなどまでも類似した考え方、方式を取るようになってきています。また、その業態が属する業界団体や勉強会なども多くなっています。

業態を細かく分類すると「フォーマット」になる

　「業態」をさらに細かく分類したものが、「業態類型」（フォーマット）になります。お客様のニーズや購買・利用動機を踏まえ、商品の品揃え、価格、品質・サービスの方法を細分化した分類です。

　食品スーパーという業態を例にとれば、スーパーマーケット、スーパー・スーパーマーケット（SSM）、SSMとスーパー・ドラッグストアを組み合わせたコンビネーション・ストア、さらにSSMとディスカウントストアを組み合わせたスーパーセンターなど、フォーマットは多岐にわたります。

居酒屋の世界でも、総合居酒屋から海鮮居酒屋、焼き鳥居酒屋、イタリアン居酒屋など新しいフォーマットが次々と生まれています。

主な業態例

百貨店
衣食住にわたる多種類の商品を取り扱う。販売促進、サービス向上、会計合理化等の目的で経営組織を部門化。それらが一企業体として総合的に運営されている大規模な小売店舗。一般的には高級品、買い回り品の品揃えが充実している

食品スーパー
高頻度に消費される生鮮食品(青果、鮮魚、精肉、惣菜)を中心とした食料品や日用品等をセルフサービス方式で短時間で買えるようにした小売業態。セルフサービス方式とは、①あらかじめ包装されて値段が付けられている ②店内用の買い物バスケット等を使い、客が自分で商品を取り集める ③集中したレジで一括して代金の支払いを行う販売形式のこと

ホームセンター
住まいに関する商品を扱う大型の小売店舗。DIYを目的とする商品、ハウスキーピングを目的とする商品等の品揃えが充実している

ドラッグストア
医薬品、化粧品、家庭用品、文房具、食品等の日用雑貨を取り扱う。ヘルス＆ビューティを目的とする商品の品揃えが充実している

コンビニエンスストア
小規模な店舗で日常生活に高頻度で必要となる飲料食品、日用雑貨、タバコ、雑誌・書籍などの最寄り品をセルフサービス方式で終日または長時間営業で販売する。近年はチケット販売、料金収納などサービス機能が充実しており、宅配品の受取、店頭電子端末を利用したオムニチャネルの展開まで図られている

ファミリーレストラン
家族連れを客層として提供するメニューは老若男女に対応。和・洋・中・エスニック・デザート等幅広い飲食業態。近年はデリバリー強化も図られている

居酒屋
主にアルコール飲料とそれに合う料理を提供している飲食業態

■店舗開発の最重要課題は「フォーマット」の選択

　店舗開発においては、フォーマットの選択、すなわち販売手法をどう編成するかということが、立地の選択とともに最重要課題となります。これが店舗ビジネスの命運を大きく決定づけます。

　店舗ビジネスにおいては、「時代の変化に合わせた業態開発が重要である」と語られることが多いのですが、その意味するところは、「お客様の生活スタイルの変化や時流の変化を意識し、お客様の購買・利用動機に合わせた魅力ある商品・サービスの新しい組み合わせを考えて続けていく」ということです。

　特にお客様の家族構成、住居形態、住宅地の立地、交通アクセス、流行や嗜好の変化などに応じたフォーマットの開発や修正は不可欠です。人気のフォーマットであっても、その人気が永続するとは限りません。店舗は常にお客様のためにあるのですから、お客様の変化に対応する売り方の革新が乏しい企業は、市場からの退場を余儀なくされていきます。

　「フォーマット」という概念が理解できれば、フォーマットごとに店舗面積、必要商圏人口が変わることも理解でき、それはさらに地域内や日本国内における出店可能店舗数が理解できることにつながります。

　店舗ビジネスで持続的な成長を実現するには、フォーマット運営の完成度を高めること、新しい需要を獲得できるフォーマット開発に挑戦すること、これがポイントとなるのです。

■同質化とともに成長した多店舗展開

　さて、本論です。これまで小売業・サービス業が歩んできた道を振り返りながら、われわれ船井総合研究所が提唱する、今後の多店舗展開のあり方について述べてまいります。

「店舗ビジネス」が豊かで便利な生活をつくった
　日本の小売業・サービス業に属する企業は、これまで主として米国を中心とした先進国の店舗ビジネスを学んできました。
　本格的な研究と実験が進むようになったのは1960年代以降のことです。
　日本の店舗ビジネスの発展を自らの手で実現しようという大きな志を持つ、勉強熱心で情熱的な企業経営者たちは、正しい商売を説き続ける商業界ゼミナールの創始者である倉本長治先生、ランチェスター販売戦略の研究を進める田岡信夫先生、ペガサスクラブを組織化しチェーンストア理論を研究する渥美俊一先生、一番店理論で有名な私ども船井総合研究所の船井幸雄などのもとに集まり、勉強や海外視察を続け、新しい知識や理論を身につけ成長していきました。激烈な競争と淘汰を繰り広げながらも、結果として現在の豊かで便利な生活を支える市場を創り出していったのです。
　それはまさしく多店舗化によるものです。

「多店舗化」は成長に不可欠な取り組み
　小売業・サービス業に属する企業が持続的な成長を実現するためには、結論からいえば多店舗化が不可欠です。単独のリアル店舗だけでは、店舗周辺の顧客のニーズやウォンツに対応するのが精いっぱいで、

よほど恵まれた立地でない限り継続した成長は困難だからです。

売場面積当たりの売上高は、無限に高まっていくものではありません。

企業として経営レベルを向上させていく過程においては、店舗で働く社員の給与引き上げを考慮しなければなりませんし、知識や技能を高め豊かな経験をもつ社員には魅力あるポストの提供を配慮しなければなりません。

こういった面から考えても、売場面積の拡大は、企業の成長を計画する上で避けて通れないテーマであることがおわかりいただけるでしょう。

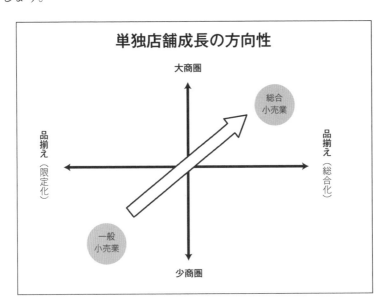

上図に示したとおり、店舗を成長させるには、売場面積を拡大し取扱商品の幅を広げながら、より遠くからの来店を促進していく、というのが自然な流れです。

売場面積の拡大は、「単一店舗で拡大する」もしくは「新規出店により店舗数自体を拡大・増加させていく」のいずれかによります。売場面積も拡大しない、新規出店もしないという経営は、特殊なケースを除けば経営者が成長戦略を放棄しているといっても過言ではないのです。そして店舗ビジネスの事業規模を拡大するには、やはり店舗数拡大が不可欠になるでしょう。

　先に挙げた研究者やコンサルタントがまとめた経験法則、理論は、成長を志向し多店舗化を推進するダイエーの中内㓛氏やイオングループをつくり上げる岡田卓也氏、イトーヨーカ堂を創業した伊藤雅俊氏をはじめとするカリスマ社長に目標や勇気を与えるものでした。

大型店舗出店がオーバーストア状態を招いた

　人口増と市場拡大が続いた高度経済成長下の日本では、大型店舗の積極的な出店が顕著でした。

　チェーンストア志向の企業は、大量仕入れ・大量販売によって販売コストを引き下げ（いわゆるバイイングパワーの発揮）、多くの消費者を吸引する大型店舗（ビッグストア）を競争が緩い市場（人口当たりの総売場面積が小さい市場）に積極出店することで、需要をいち早く獲得し、ライバル企業に打ち勝っていこうとしたのです。こうして総売場面積の拡大が進みました。

　ビッグストアの攻勢を受けた店舗は、足元商圏における需要獲得シェアを高めることで対抗しました。競合対策の基本戦略です。

　他社に負けない売場づくりに取り組んだ店舗のなかには、地域特性や嗜好への対応力を高めながら圧倒的ともいえる高シェアを獲得していった店舗もあります。これらの店舗は「地域一番店」と呼ばれ、全国展開は目指さないものの、ローカルの雄として顧客の支持を集め、勝ち残っていきました。

マーケティングの世界では、競争が激化しないように参入障壁をつくり上げることが重視されますが、成長市場においては参入障壁づくりよりもスピードが優先されました。早い者勝ち、というわけです。

チェーンストア経営を志向する企業は、ビッグストアをスピーディーに多店舗展開する仕組みづくりに取り組むことで、バイイングパワーをさらに高め、商品価格を引き下げ、ライバル企業を圧倒するという戦略を進めていったのですが、大規模小売店舗立地法など大型店舗の出店を規制する法律も徐々に規制緩和・撤廃されたことにより、小売業の競争はますます激しさを増していきました。

ワンパターン型の出店であっても、そこそこの利益が獲得できるとなれば出店は加速されます。そして競合が激しくなってきたら、同業者の開発した成功パターンを模倣あるいは参考にしながら競争相手に対抗していきます。

このような競争を繰り広げてきた結果、社会も市場も成熟化した今、まじまじと店舗を見てみると、似たような店に似たような商品が並ぶ同質化店舗のオンパレード状態になってしまっています。オーバーストア状態です。

見分けがつかないような店舗が乱立

日本を代表する規模にまで成長した企業の店舗でさえも、看板を外せば他社の店舗と見分けがつかないようなレベルまで同質化が進み、顧客を引き付ける力も低下してしまっています。

同質化傾向は特に百貨店やGMS（General Merchandise Store）などの総合型小売業・総合型大型ショッピングセンターに多く見受けられます。また、多店舗化をベースに規模的拡大は果たしたものの、経営状況が悪化し市場から退場を迫られる企業も増加傾向にあります。

バイイングパワーの活用で主導権を獲得すれば、有利な仕入れが実

現でき、利益が増加し、経営はうまくいくと考えられていたにもかかわらず、同質化によって存在が埋没し、ほとんど利益が出ない状態に陥っている企業が多いのが現実です。

では、この失敗の要因はどこにあるのでしょうか。

企業としての力が弱かった、経営者の慢心や力量不足、不運な環境変化、脆弱な財務力といった理由を挙げて説明することもできるでしょう。しかし問題の本質は、消費需要は無限ではなく限定されている、ということです。オーバーストアと市場の成熟化はモノ余りを生み出し、かつての豊かさも今では当たり前になってしまったのです。

人間は常に成長し学習していく動物です。それだけに、暮らしと自分自身を向上させる新しいモノに興味を持ち、あって当たり前になってしまったモノ、古びたモノには興味を失っていきます。

独自性と魅力ある商品の開発なくして多店舗の成功はない

興味＝付加価値が失われたモノは、使えればよい、食べられればよい、というようにコモディティ化していきます。そして商品のバリューが問われやすくなり、ネットなどにどこで買えば何円お得といった情報が氾濫するようになるのです。

また、もう一つ、チェーンストア展開も含めた多店舗化は、あくまでも手段にすぎない、ということを理解しておく必要があります。

多店舗化の真の目的は、その企業が考える"真の豊かな暮らし"の提供です。現在の成長企業や成功企業を直視してみれば、その真実に気づくはずです。

多店舗展開や、それをさらに積極展開しようと協業や業務提携、M&Aによる水平展開や水平統合を行なって事業規模・総売場面積を拡大しても、同質化を回避した強い企業づくりは容易ではありません。

本当に強い企業づくりを実現するためには、商品開発能力を高め、

独自性を持った魅力ある商品の企画開発や、仕入れ調達の仕組みづくりが必要なのです。この機能を高めるためには、商品の企画開発から販売までを一貫してコントロールし戦略的なSCM（Supply Chain Management：サプライチェーン・マネジメント）を構築するか、小売主導で垂直統合を実現し同質化を回避する主導権をもつことです。でなければ、これからの"勝ち組"に入ることは難しいでしょうと、ここで申し上げておきます。

　ユニクロ、無印用品などに代表される、今、日本で成功している企業は、いわゆるSPA（Specialty store retailer of Private label Apparel）型の企業です（SPAは本来アパレル業界で使われてきた用語ですが、現在ではすべての業界で製造小売型企業がSPAと称されるようになってきています）。

　この現状を見て理解すべきは、多店舗化を実現し強力なバイイングパワーを手に入れても、大きな付加価値つまり大きな利益が獲得できるように設計された商品をもたなければ勝ち残れないということです。

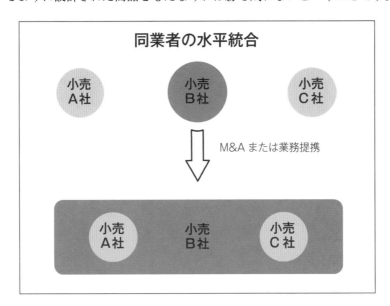

ネットが店舗ビジネスを深刻化させている

　一般的な商品、特にコモディティタイプの商品を単純に大量に仕入れても、大きな収益獲得はできません。

　この状況をさらに深刻なものにしているのが、ネットの発展です。

　店舗ビジネスは店舗に大きな投資が必要ですから、ネットビジネスに比べて収益構造は低くなります。そのため特徴の乏しい商品を大量に仕入れ大量に販売しても、利益が出にくい上、ネットビジネス企業に徐々に売上を奪われていくはずです。

　店舗の運営効率から見れば、標準化された店舗で標準的な商品構成を取り、標準的な売り方をすることが最も望ましいのですが、しかしこの部分だけをやりきったとしても、自社より優れたシステムを持つ競合企業との競争には打ち勝てません。ネット企業の標的にもされやすいですから、なおさらです。

　付加価値の高い商品とサービスを創造し、仕入れ・調達する仕組みづくり……店舗ビジネスで勝ち残るためには、これらが必須となってきているのです。

　多店舗化イコール成功という図式は高度経済成長時代のもので、すでに過去のものとなっています。店舗化を実現したものの人口減、人手不足の時代を迎え大量閉店しなければ生き残れないという例も、先述のとおり珍しいものではなくなっています。

困難な時代だからこそ原理原則と正攻法を知っておく

　困難な時代です。しかし、いかに困難な時代であっても、課題に目を背けたり、日常業務の忙しさにかまけたりして、未来の経営シナリオを計画しないのは言語道断です。出店も増床も考えなくてよい、今の店舗を守っていけばよいのだというような考え方では、現在雇用している従業員の所得を継続的に上げていくことも、成長に合わせた

キャリアプランを提示することもできないでしょう。従業員は年々齢を重ねていくのですから、ライフステージに見合った所得と仕事を提供できない会社は、優秀な人材を確保・獲得できなくなり、早晩、事業そのものが立ち行かなくなりかねません。

困難な時代だからこそ、原理原則と正攻法を知り、未来を設計する必要があるのです。

①これから店舗を拡大していきたい企業
②これから後発ながら新規参入し店舗ビジネスを展開していきたい企業
③過去の店舗政策、ブランド政策、M&Aなどにより、複数のサイズ、業態、フォーマットの店舗を持っており、これらをどう整理・再編していけばよいか検討している企業
④多数の店舗を有しているが、不振店の比重が高まり、今後どのような店舗展開をしていけばよいか不透明な企業

――特にこういった企業の経営者、経営幹部の方に向けて、今後さらにすすむ成熟化・人口減少時代の多店舗化の実務について提案してまいります。

■出店フォーマットの洗練とドミナント戦略

店舗開発をするときは、市場を細分化した上でターゲット市場を絞り込み、出店フォーマットを決定しなければなりません。競争が緩い市場であればいったん採用した標準フォーマットを修正する必要も少なく苦労は最小限ですが、現在のようなオーバーストア化が著しい超競争社会にあっては、ライバル企業の店舗以上に顧客ニーズに的確に

対応する、魅力的な店舗をつくり上げることが最優先テーマになります。

いうまでもなく、ライバルに勝てない店舗を出店する必要はありませんし、勝てるかどうかわからない店舗を闇雲に出店してどうにかなる時代でもありません。

人口減によるさらなる消費市場の縮小が予想されますから、現時点での競争状況だけをチェックして出店の可否を検討するのではなく、ライバル企業や大手企業の進出も想定した上で検討してください。

同時に、現時点で損益分岐点売上高を割り込み、なおかつ現状のままではライバル店に打ち勝つことができる見込みのない店舗については、中期的な視点で業態転換、店舗売却、撤退なども考慮しておきます。

商圏で主導権を握るための戦略を策定すべき

特に重要な検討ポイントは、次の2点です。

①競合店との差別化を見据え、独自性が表現できるフォーマットが開発できているか
②ドミナント戦略の推進により、商勢圏に競合が進出しにくく、高シェアを獲得でき主導権を握れる状況をつくり上げられるか

①は、業態内での同質化が進む今、際立った特徴、独自のビジネスモデル、お客様を唸らせる提案力を持たない店舗は生き残れないのですから、多店舗化が実行でき、将来にわたって"勝ちが見込める"圧倒的な魅力を持つフォーマットを開発していますか、ということです。

②は、自社の狙う商勢圏を他社に侵食されない環境を先につくってしまうことができますか、ということです。

ここでいう「商勢圏」とは、複数の店舗の勢力が及ぶ範囲のことです。

「商圏」が、その店舗の影響が及ぶ範囲、つまりお客様が来る範囲をいうのに対して使われるもので、通常、その店に来るお客様の80％程度が居住または通勤する地域をさします。

「ドミナント戦略」とは、自社が狙う特定商勢圏にインクが染みわたるように集中的に店舗を出店させ（インク・ブロット出店）、意識的に高シェアを獲得し圧倒的勝者となる戦略のことです。他社を制圧するシェアは、ランチェスターの競争戦略では「相対的安定シェア」と呼ばれる41.7％以上だとしていますが、一般的には50％の獲得が目標とされます。

ドミナント戦略が主導権確保の要になる

ドミナント戦略の効果としては、まずは①他社の新規参入阻止効果がありますが、それだけではなく、②広告宣伝・販促効果および店舗の知名度向上、③物流および店舗指導・店舗管理などのコスト削減、④メーカーとの有利取引実現（メーカーは地域でシェアの高い有力企業を優遇する政策を採用しやすいためです）、⑤労務管理および人材育成・教育の容易さ、なども期待されます。

なぜドミナント戦略が他社の新規参入阻止に効果があるのか、説明しておきます。

差別化された独自フォーマットの店舗を、一定の需要がある商勢圏で複数店舗有し高シェアを獲得しておけば、後発企業は残りの需要から十分な収益を得ることが困難になります。つまりドミナント戦略による出店を実行すれば、ライバル企業の出店意欲を減退させ、自社が主導権を持てるエリアを構築できるわけです。

市場内で高シェアを獲得すればライバル企業の進出を阻みやすくなる……というのがドミナント戦略の骨子ですから、多店舗展開企業に限らず、単店舗あるいは少数店舗を展開する企業であっても、この戦

略は有効に機能します。

　これはランチェスターの「地域ナンバーワン戦略」、船井総研の「一番店理論」とも符合する考え方で、企業を成長させるために必ずマスターしておくべき重要な理論であり、多店舗展開を実行する上では基本中の基本理論だといえます。

店舗フォーマットは「商いの思想」を可視化するもの

　日本ではバブル経済崩壊以後、消費需要が高まらないなかで売場面積だけが拡大し、その結果、多くの業態において単位面積当たり売上高（いわゆる坪効率）が減少、既存店売上高も低下傾向にあります。競合店が一店舗も存在しないというような真空マーケットはもとより、魅力的な立地はきわめて少なくなりました。

　逆に人口と消費額の減少が著しいエリアや、ライバル企業と血で血を洗うレッドオーシャン型の競争状態にある立地が増加し、採算ラインである損益分岐点売上高を確保することも難しい業界が多数にのぼります。

　このような状況下に新規出店で収益を獲得するためには、入念な準備が求められるのは当然です。その道のプロである既存事業者による店舗運営が楽ではない状態なのですから、勘とアイデア勝負、あるいは安易な数値シミュレーションをベースにした出店で成功できるはずがありません。自社の強みを最大限引き出し、顧客を魅了し、エキサイトさせ、歓喜させるレベルの店舗開発に挑まなければ、成功など期待できない時代になっているのです。

　不振店の業態転換やリモデルにおいても当然に同様の発想が必要で、安易な店名変更や外装リニューアルなどで店舗が活性化するというような期待はもたないほうがよいでしょう。

　欧米など先進国で開発されたフォーマットであれ、日本国内の注目

店を参考にしたフォーマットであれ、あるいは自社が独自に研究開発したフォーマットであれ、ライバル企業との差別化意識をもってチェックすることを怠ってはなりません。さらに、そのフォーマットが自社の哲学やミッション、ビジョンの実現を推し進め、具体化していくものであるかどうかをチェックすることも重要です。

つまり店舗のフォーマットは"企業の商いに対する思想"の可視化なのです。そのことを踏まえた上で、出店する立地に十分な需要が存在するかどうかを数字ベースで事前検証することが重要なのです。

「8つの要素」から差別化を図る

差別化に関しては次ページの8つの要素をチェックし、フォーマットの開発・洗練に取り組んでください。

顧客にとって魅力的な店舗をつくり上げるためには、この8要素について、ライバル企業やライバル店よりも優位性をもつ仕掛けが必要です。よい商品を見出し、地道に品揃えを増やし、店舗でよりよい提供のしかたを工夫することは、時代を問わず基本的な商いの心得です。

ただし現代は、八つの差別化要素をベースに、顧客側からの視点で企業と店舗を見直し、魅力的な企業づくり、店舗フォーマット開発に取り組まなければ、時代の変化に対応したビジネスは展開できません。特に販促力や顧客管理、ストアロイヤリティを高めていく部分ではネット活用が進んでおり、その面の研究をないがしろにして店舗開発や出店に取り組むのは不十分です。

人口増加状態でエスカレーターに乗ってしまえば自動的に上昇していく時代から、今は人口減少状態で、エスカレーターは下がっていく一方という時代に転じています。

また今後、イギリスなどで見られるような先進国型の企業淘汰・業界再編・大手企業による寡占化が進む可能性も否定できません。

日本は長い歴史のなかで、食生活などの分野を中心に、地域性、多様性を重視した消費傾向を強くしてきました。けれど世界的にフラット化が加速しており、今後はさらに「いいものはいい」という意識が生活者に浸透していくでしょう。フラット化は均質化・同質化ともとらえられます。そうした競争環境に打ち勝つフォーマットを開発していくこと、いわば守りの思考だけでなく優れたフォーマットを武器にアジア、さらには世界に打って出る意識が今後ますます重要になるでしょう。

　このような面からも、ありきたりのフォーマットではなく、独自性に富む魅力的なフォーマットの開発体制をつくり上げることが求められます。既存フォーマットも未来志向で見直すことが急務といえます。

店舗ビジネスにおける8つの差別化要素

①立地
②売場面積（適正規模の決定）
③商品編成（マーチャンダイジング）
④価格
⑤販売力と企画力
⑥接客とサービス
⑦顧客管理と固定化
⑧ストアロイヤリティやブランド力

■小商圏主体：個店から専門店の時代

　店舗経営は、当初は小さな「個店」からスタートします。大資本を有するメーカーが新規に店舗事業に参入した場合は大型店からスタートするケースもありますが、それはごく一部の例外です。"ビジネス"というよりも"商売"として始まった店舗は、資本が乏しいため家賃の高い都心に出店することは難しく、ローカルの小商圏を狙う立地に出店するのが一般的です。

「商圏」を理解し、「運営」ではなく「経営」する
　まず大切なのは、「商圏」の理解です。
　商圏は、規模を基準として「小商圏」「大商圏」、その中間を「中商圏」に区分される場合と、エリアの広さを基準として「小商圏」「中型商圏」「広域商圏（リージョナル商圏）」「超広域商圏（スーパーリージョナル商圏）」に区分される場合とがあります（エリアが狭い商圏は、厳密には「狭域商圏」と表現するのが適当なのですが、多くは規模的にも小商圏であるため、通常は小商圏に含められます）。
　小商圏と大商圏の規模の違いを数値で区分するなら、小商圏は約7万人規模、大商圏は約50万人規模、中小圏はその中間規模と考えればよいでしょう。
　エリアの広さを基準とする場合は、業種によってとらえ方は異なりますが、買い物に行くまでの時間に置き換え、自動車で何分圏というかたちで表現するのが一般的です。
　小商圏に立地する店舗は、まずお客様の支持を勝ち取り、なおかつ競争に打ち勝っていくことを最優先します。
　出店には初期投資が必要ですから、投じた資金を回収し利益を得るためには、集客力アップによる売上獲得を最優先の目標にします。

ただし拡大再生産によって成長していくには、「がむしゃらに働けば成功するはず」というような精神論的な発想ではなく、「商い」をビジネスとしてとらえ、"商売人"ではなく"商人"の目線で、店舗を「運営」ではなく「経営」していく意識が重要です。

「店舗の存在と商品をお客様に知っていただく」を原点に

「個店」経営で最も重要なのは、店舗と商品の存在をお客様に知っていただくこと。とにかく目立つことです。

それには立地が重要なのはもちろんですが、看板、社名・店名、取扱商品・看板商品名、販売方法の特徴などを知ってもらうことが存続・成長していくためのカギになります。

第二次世界大戦で焼け野原になった日本では、多くの地域でビジネスがリセットされ、商売人たちの多くは「戸板商売」と呼ばれる簡易的な店舗から再出発しました。

通常、商店経営のスタート段階では、伝手があるとか、自分が好きだからといった理由で商品を揃えますから、品揃えにも店舗づくりにも戦略性は乏しく、無秩序に商品を並べる五目飯型の店舗になりやすいものです。よく見なければ何の店かわからない、何でも屋さん的な存在です。

単店舗ビジネス＝個店経営の最も原始的な「一般小売店」といわれる段階ですが、この状態のままでは経営に主体性も乏しい上、仕入れ先からも評価されにくいため、有利な条件での仕入れ・調達も期待できません。

「何を売っている店」なのかを明確にする

まずは「何を売っている店か」を明確化させなければなりません。それが近代的経営の第一歩です。雑多な品揃えでは店舗の特徴を明確

化させられませんから、何かの専門店としていくのです。

　初期段階は取扱商品をメインに打ち出しますから、「業種店」と表現される——たとえば魚を扱うなら「魚屋」、鍋釜を扱うなら「荒物屋」、輸入食品を扱うなら「輸入食品店」のような店になっていきます。

　絞り込んだ取扱商品について詳しい知識を持ち、より深い品揃えに取り組むことです。この取り組みによって、「あの商品ならあの店にあるはずだ！」とお客様にイメージされるようになります。

　競合が少ない場合は、これだけで店舗は成り立つことが多いのですが、競合店が現れるとそうはいきません。競合店に打ち勝つ基本は、品揃えの強化と規模の拡大ですが、最も重要なことはお客様に競合店との違いを認識させることです。特に忘れてはならないのが、「差別化の原点」です。

　個人商店型の専門店では、店舗経営の「当たり前のことを当たり前

に実行する」ことが容易ではない状況にありがちですから、基本の徹底が重要です。特に飲食業で最重要とされる、QSC（Q：クオリティー、S：サービス、C：クリンリネス、前ページの図参照）の徹底がレベルアップに有効です。顧客商売で「当たり前」とされることをきちんとやりきる力を持たなければ、企業成長も多店舗展開も不可能になるのです。

■中型商圏主体：量販店から大型化、総合化の時代

　店舗の競争力は、店舗規模に左右される比重が高いものです。お客様は規模の大きな店舗のほうが豊富な品揃え＝自由な選択肢があると考えるからです。

　当然のことながら規模が大きいほどたくさんの商品を置くことができますし、ランチェスターの競争戦略理論でも説かれる「3倍の規模」（いわゆる標準店舗サイズのスーパーストア化）を実現すれば、かなり有利に店舗ビジネスを展開できるようになるでしょう。

超大型店の攻勢から中小規模店を守る動きが生まれた
　かつて、高度経済成長時に資本を蓄積し店舗開発や仕入れに資金的な余裕がある規模にまで成長した企業は、1970年代にこぞって店舗の大型化に挑戦し始めました。豊かな生活を求めるベビーブーマー世代の消費意欲が旺盛で、飛ぶようにモノが売れる時代であったため、大型化戦略は企業の成長に直結しました。大手小売業者は合併や連合を形成し、中小事業者のパイを奪い取る戦略を積極的に進め、さらなる成長を企図しました。

　現在の総合型小売業は、この時代に大いなる飛躍を遂げていったのです。

中小商業者の経営を守るという観点から第二次百貨店法が1956年に制定され、百貨店の新増築に制限がかかっていたのですが、これが廃止され1974年に大規模小売店舗法が施行されると、百貨店、量販店など大型店は「大規模小売店舗審議会」（大店審）による調整を経なければ出店できなくなりました。

　この法律は第一種大規模小売店として店舗面積3,000㎡以上（特別区・指定都市は6,000㎡以上）、第二種大規模小売店として店舗面積500㎡以上の店舗の出店を規制するもので、大型店の出店には調整や地元との交渉に多大な時間と手間を要するため、法律の規制を逃れて500㎡未満（150坪型店舗）のロードサイド型店舗などを出店する専門店チェーンも多数生まれました。こうして、現在見られるような超大型規模の店舗ではなく、中規模の大型店が増加したのでした。商圏も中型商圏主体で、少し遠くても行きたくなるタイプの店舗です。

低コスト・低価格が引き起こす小売業の革新

　マクネアの「小売の輪」という理論があります。米国の経営学者マルカム・P・マクネアが小売業態の発展を説いたもので、低コスト・低サービスによる低価格路線で新規参入した業者が既存業者の売上を奪って成長すると、さらに同じ手法で低価格を実現した業者が登場し、品揃えやサービスをめぐる競争が起こって高コスト体質になるため、やがて新たに低価格を実現した新規業者が市場を奪い、輪のように小売業の革新が進む……という理論です（次ページ）。

　この当時はマクネアの「小売の輪」理論のとおり、豊かで成長力に富む小売市場で高い成長を狙う、挑戦心が旺盛で革新的な企業経営者が多く登場し、彼らはローコスト経営を徹底、既存の小売業者よりも低価格で商品を販売して市場を席巻していきました。いわゆる総合スーパーが花形だった時代です。

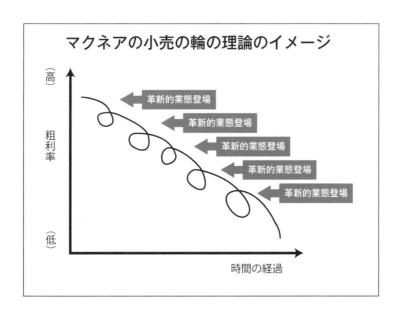

「ワンストップ・ショッピング」の台頭

　スーパーマーケットは、大恐慌が発生した1929年の翌年、アメリカのマイケル・J・カレンが開店した「キング・カレン」によって生まれた業態です。

　地代の安い地区に駐車場付きの大規模店舗を構え、低価格・現金支払い、何店舗も買い回りしなくても1か所で目的の商品を購入できる、食品のワンストップ・ショッピング型店舗として開発されました。これが大恐慌時下にあって節約を求める消費者に支持され、爆発的な成功をおさめたのです。

　日本ではモータリゼーションの発展により車でやって来て大量購入する消費者を獲得しようと、スーパーマーケットの導入が積極化しました。"安くてよいモノ"が大量に販売され大量に買われる時代が到

来したのです。

　飲食業界では、手ごろな価格でさまざまな料理メニューが楽しめるファミリーレストランが発展しました。

　「ワンストップ・ショッピング」というのは、さまざまな商品を1か所で買い求めることです。スーパーマーケットが登場するまでは、食料品であれば、野菜や果物は青果店で、肉は精肉店で、魚は鮮魚店で、加工食品は一般食料品店で、酒は酒販店でと、消費者は複数の店舗を回って購入していましたが、そういった不便さを解消するものです。

　「ワンストップ・ショッピング」店舗では、核となる部門や商品の強化とともに、常に品揃えを充実させ、買い手の利便性を高めることが必要です。現在はスーパーマーケットでも、現金が引き出せるATMの設置やクリーニングの受付といったサービス機能の付加が重要な要素となっていますが、このように買い物をしやすい店舗づくりや、価格や品揃えで買いやすさを追求することはさまざまな展開につながるため、「ワンストップ・ショッピング」は現在の業態開発でも重要な着眼点となっています。

戦略は常に研究され模倣される

　量販店は「マクネアの小売の輪」理論のとおり、やがて同様のシステムで同程度の低価格を実現した模倣型の追随業者の攻撃を受けます。その結果、同質化が進み、量販店同士の競争が激化していくことになりました。戦略は常に研究され模倣されるものなのです。

　日本でもこの理論どおりの状況が起こりました。そのため量販店はさらなる大型化と部門付加、付加価値創造を行なってライバルを突き放そうとしました。

　しかしそれは店舗施設や機器、サービスについて新たな費用が発生し、コスト高につながります。さらなる低価格販売や大型化を目指す

量販店や革新的な業態にとっては諸刃の剣でもあったのですが、当時は大型店舗（現在では中型店舗）をいち早くつくることが優先される時代でした。

総合型小売業の花形時代があった

　大型店づくりや総合化は、新たな部門、新たな商品ラインを追加することで実現されます。しかし資本力に乏しい企業や、商品の仕入れ・加工・販売ノウハウをもたない企業は、大型化したくても店舗を埋めきる力がありません。そこでそのような企業は、自社の売場にテナントやラックジョバーを導入するなどして大型化、総合化を実現していきました。

　契約に関しても、固定家賃契約、売上歩合賃料契約、委託販売契約、売上仕入（消化仕入）、契約販売代行契約などさまざまな手法が開発され、大型の売場を運営できる環境が整っていきました。

　大型の総合型店舗は小型の総合店舗に対して競争優位性を確保しやすいため、個人経営の小型小売店が多数を占めた時代は、量販店・総合型小売業にとって花形の時代でもあったのです。

　当時の大型総合型店（現在では中型総合型店）や中型の商業施設は、中型の範囲のエリアを狙い、商圏の人口規模では7万～18万人規模を対象とするものが多数でした。商業施設の分類としてはコミュニティ型ショッピングセンター（略称CSC）と呼ばれるもので、店舗面積は1万～3万5,000㎡程度の規模です。商業施設の核店舗（キーテナント、アンカーテナントとも呼ばれる、顧客吸引の中心的役割を果たす店舗）は量販店、DSでした。

　大手資本による積極的な店舗開発に対抗するために、国の高度化資金などを活用した地元主導の協同組合型ショッピングセンターも多数開発されました。しかし協同組合型ショッピングセンターの核店舗は

脆弱で、その競争力は総じて弱いといわざるをえないものでした。
　日本のコミュニティ型ショッピングセンターは駅に近い場所にあることが多く、駐車場の規模も十分ではなかったこともあって、このタイプはその後訪れる本格的なSC時代には徐々に活力を失っていくことになります。

■広域商圏主体：総合店、大型専門店の時代

　2000年5月に大規模小売店舗法が廃止されたのを契機として、日本では本格的なショッピングセンター時代が到来しました。
　同時にデフレ経済に突入していったこともあり、ラインロビング（テーマを絞って奥行きの深い品揃えをすること）を実現し、購買意欲を高める価格と品揃えを充実させた「カテゴリーキラー」と呼ばれる大型専門店が多数登場しました。

「カテゴリーキラー」の登場

　「カテゴリーキラー」というのは、その名称が表すように、競合する総合業態からそのカテゴリーが消え去るほどの影響力をもつ存在のことで、ヨドバシカメラ、ヤマダ電機、トイザらス、ニトリなどがその代表格です。実際に多くの百貨店や量販店から、家電、家具などの売場が姿を消しました。
　これらの店舗は単独店舗としてだけでなく、店舗が集積したオープンモール型商業施設の核店舗としても数多く開発され、1990年代から日本に登場したアウトレットモールとともに人気を獲得していくことになりました。
　一般の量販店（GMSなど）は、リージョナル型ショッピングセンター（広域型ショッピングセンター、略称RSC）やスーパーリージョ

ナル型ショッピングセンター（超広域型ショッピングセンター、略称SRSC）の核店舗として、広い敷地が確保できる郊外地域を中心に出店を続けていきました。

　SRSCは大型の量販店2店舗または百貨店と量販店の計2店舗を核店舗に据える2核型ワンモールの大型商業施設内に数百店舗の専門店を配置し、駐車スペースも4,000〜5,000台分あって、一つの街といってもいい規模に拡大しました。このようなSC時代の到来を予測し、研究・準備を進めていたイオングループはダイエー、マイカルなどを圧倒し、飛躍的に店舗を拡大させていきます。

専門店・飲食店が、大型ショッピングセンターに吸収される

　しかし、郊外に高い顧客吸引力をもつ大型ショッピングセンターの増加にともない周辺道路にロードサイド型の小売店舗や飲食店舗が立ち並ぶようになると、中小の専門店や一般小売店、飲食店が寄り合う自然発生型の市街地商店街には空き店舗が目立つようになり、特に駐車場の乏しい駅前商店街はシャッター通り化してきました。そのため郊外大型店の増加に歯止めをかける目的で、「まちづくり三法」が制定されることになったのです。

　「まちづくり三法」とは、土地の利用規制を促進する改正都市計画法、生活環境への影響などから大型店出店の新たな調整の仕組みを定める大規模小売店舗立地法（大店立地法）、中心市街地の空洞化を食い止め活性化を支援する中心市街地活性化法の三つの法律の総称で、1998年に施行されました（大店立地法のみ2000年の施行）。

　超大型のショッピングセンターや大型専門店が続々と建設されるようになると、小型の小売店だけでなく、地方百貨店や中型商業施設のコミュニティ型ショッピングセンターなども不振をかこつようになってきました。豊富だった品揃えも、超豊富な品揃えの商業施設に比べ

ると貧弱に映り、不便な店舗に見えてしまうからです。
　そのため専門店や飲食店も、人気の大型ショッピングセンターに移転あるいは支店を出すなどして生き残りを図る企業が増えていきました。

■中から小商圏主体へ：個性店、利便性の時代

　「まちづくり三法」の施行や、オーバーフローともいえる出店競争に敗れた商業施設が閉鎖するようになると、大型店や商業施設を取り巻く環境に変化が生じてきました。
　人口減少時代を見据えたコンパクトシティ構想などが国土交通省、経済産業省により2006年度重点予算要求で取り上げられたこと、都市計画法、中心市街地活性化法が改正された（2006年6月、2006年8月施行）こともあって、郊外への大型商業施設の出店戦略が見直されるようになったのです。
　店舗面積1万㎡を超える超大型店の新設届出は2008年度以降減少し、新設店舗面積の急増にも一定の歯止めがかかるようになりました。
　ただ、1万㎡未満の大規模小売店舗は、まちづくり三法の改正後も郊外立地を続けており、中心市街地に賑わいが戻るまでの状況にはなっていません。今後、中心市街地への出店誘導が政策的に強化されたとしても、すでに数多く存在する郊外の大型商業施設をどうするかという問題は残ります。

買い物難民を救え！　郊外型一辺倒からの転換
　自動車を移動手段に使うことのできない高齢者も多いため、日常生活の必需品である食品や最寄り品は、郊外まで出向かなくても購入できるようにする対応が求められます。一部エリアでは買い物難民が生

まれてきており、僻地への移動販売やNPO法人などによる買物代行サービスなどの動きも出始めています。

　また、東日本大震災のときに証明されたとおり、全国に5万店舗を超えて存在するコンビニエンスストアが、ライフラインとしての機能を求められるようにもなっています。コンビニは、ローソンを中心に個性化した店舗フォーマットの研究開発をすすめており、調剤薬局とコンビニ、郵便局とコンビニ、惣菜店とコンビニといった組み合わせ店舗や、健康志向のナチュラルローソンなどが誕生しています。

　コンビニ各社はテイクアウト可能なホットデリを扱うほか、イートインスペースも提供しており、これらの取り組みはオフィス勤務者だけでなく買い物難民への対応としても機能しはじめています。

総合量販店が苦戦を強いられる時代に

　量販店や商業施設では、食品をメインに据え、それに専門店を加えた小商圏対応型のネーバーフット型ショッピングセンター（近隣型ショッピングセンター、略称NSC）、中商圏対応型で低層型のスーパーセンターと呼ばれる業態開発が強化されました。スーパーセンターは食品スーパーとDS・ホームセンターを組み合わせたフォーマットで、多くが市街地と郊外の中間部、商圏人口7万〜18万程度が確保できる地域に出店されています。

　米国では街の中心地はダウンタウン、市街地はアーバンと呼び、田舎はルーラル、郊外の新しい開発地域はサバーバンと呼びますが、スーパーセンターはアーバンとサバーバンの中間あたりの工場跡地などに建設されるイメージです。

　日本ではここまで見てきたように、広域商圏・大商圏型の大規模商業施設から狭域商圏・小商圏型の商業施設までが多数開発され、小売店の売場面積はこの20年あまり伸び続けているものの、売上総額は

伸びておらず、坪効率が著しく低下するという状況になっています。
　総合量販店は、家電、家具、スポーツ用品などのカテゴリーキラーや、H&M、ZARA、ユニクロなどファストファッションに需要を奪われ、低迷を続けています。
　専門店は、海外から進出してきたハイファッションの高級ブランド店や、独自の商品編成・アソートメントを武器にコンセプトを明確にした店舗は活力を保っていますが、個性に乏しい店は、ネットショッピングなど通販市場の伸長に押され、総じて苦戦を強いられています。

■業態別中心価格帯の変化

　モノが売れる・売れないは、需要と供給の関係に左右されます。需要に対して供給が少なければ「高くても買いたい」「高くても買わざるをえない」となり、需要に対して供給が多ければ「安くしないと売れない」「安くしても売れない」となります。そして、そもそもお客様が存在しなければモノは売れません。
　至極当然のことですが市場の構造はそういうものですし、同じくらい当然に、自社店舗が市場でオンリーワンの存在というケースは少ないものです。

商品構成は「商圏と競合店」が決めるもの

　競合は、目に見えることもあれば、わかりにくいこともあります。たとえば中華料理店の競合先は同業店だけでなく、ほかの飲食業態もそうですし、コンビニやデリバリー店もライバルです。広くとらえれば、人間の胃袋を狙うすべての業態が競合です。コンビニで淹れたてのコーヒーとドーナツが販売されるようになると、ドーナツ専門店や外食店が大きな影響を受けたことからもおわかりいただけるでしょう。

ですから店舗の商品構成は、「お客様と競合店が決めるもの」なのです。お客様の集合体が市場や商圏ですから、「商圏と競合店が決めるもの」といってもいいでしょう。このことを理解しておくことが重要です。
　商圏規模によって成立する業態、フォーマットには違いがあります。小商圏では百貨店という業態は成立しません。都市型百貨店は100万人以上の商圏規模を必要とし、地方型の百貨店でも50万程度の商圏規模を必要とします。つまり自社が獲得できる商圏範囲・商圏規模を理解して商品構成＝品揃えを計画すべきなのです。
　また、商圏規模が変わると売れる商品の販売価格が変わります。
　大商圏であるほど低頻度、高額商品の販売可能性が高まります。なぜなら対象顧客数や顧客層の幅が広くなりますから、確率として高価格商品の購入が可能な顧客や特殊なニーズをもつ顧客を獲得できる可能性が高くなるからです。逆に商圏の規模が小さくなるほど高額商品は売りづらくなります。
　これらが商圏のとらえ方の基本です。店舗の出店にあたっては、このような原理原則を理解し、商圏規模にふさわしい業態やフォーマットの選択と商品構成（品揃えと価格）を計画することが必要です。

商圏の「階層性」に対応する
　商圏には一定規模別に階層性があると考えられていて、その有名な理論がドイツの地勢学者クリスタラーの理論です。「より上位の中心地は、より下位の七つの中心地から構成されており、次々と上位中心地が形成されていることにより、結果として、立地の階層性が展開される」と説明した理論です。
　この理論をアメリカの経済学者が商圏にあてはめたのが商圏の階層性で、この理論をもとに業態ごとに成立可能な商圏規模を考えていく

のが合理的です。

下図がそのモデル図です。

アメリカではコンビニは1万人で成立（最小の商圏単位）し、それが7倍に広がるごとに新しい業態が成立すると考えられています。

けれどアメリカの人口は日本の2.5倍程度、国土面積は24倍ですから人口密度はそのぶん日本よりも低く、商圏と商圏が重なり合うことは少なくなります。

日本の場合は狭い国土に人が密集していますから、アメリカの理論をそのままあてはめるのは適当ではありません。

船井総合研究所では多数の小売業コンサルティングの経験と研究から、クリスタラーの理論で階層性が「7倍ごと」とされている部分を「√7＝約3倍に変わる」との仮説を立てて商圏の設定や検証に利用しており、これは日本における業態のポジションとほぼ符合します。

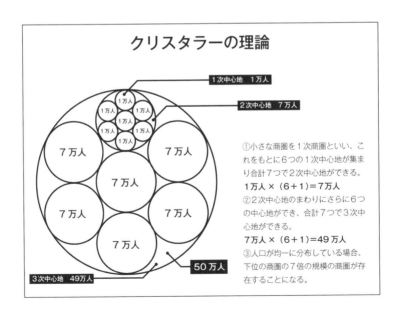

販売価格も、商圏の階層によって変わる

　また、商圏の階層が一段上がるごとに、販売可能な商品価格の上限や販売平均価格は、約1.3倍に上昇すると見ています。たとえば3万人までの商圏にある単独もしくはNSCの食品売場でよく売れる惣菜の上限価格が280円であれば、7万人商圏のCSCで売れる惣菜は360円、18万人商圏のRSCでは460円になります。CSCのカジュアルウェア店でよく売れる洋服の価格が990円の場合、18万人商圏のRSCでは1,280円、50万人商圏のSRSCでは1,770円、130万人商圏の百貨店や大都市駅前商業施設などでは2,280円と価格は上昇していくわけです。

　大商圏の商業施設や百貨店でよく売れるからといって、同じ商品が中小圏、小商圏の店舗で売れるとは限りません。逆に小商圏でよく売れる商品を同価格で中小圏、大商圏で販売すると、爆発的に売れる可能性が高くなります。実際、ユニクロやしまむらなどのカジュアルチェーンやホームファニシング業態の雄であるニトリも人口の少ない、地方発祥の企業です。

　品揃えも、地方や小さな商圏規模の店舗は商品需要が小さいため、きめ細かく行なうべきで、大都市や大きな商圏規模の店舗は商品需要が大きくなるため、絞り込みや専門化を図るべきです。これが店舗開発の正攻法的な考え方です。

■マルチチャネル化、オムニチャネル化による新たな変化

　ITおよび通信技術の革新と、PC、スマートフォン、タブレット端末などの普及が、生活や購買行動にも大きな影響を与えています。ネットを中心とする通販市場の伸びもとても大きいのですが、さらに近年

はいわゆるリアルとほかの販売チャネルを複数活用したり、統合的に活用したりする動きが加速しています。

厳しさを増すリアル店舗経営

　リアル店舗の経営は、今後さらに厳しさを増すでしょう。人口減は客数減につながりますし、コストを抑えようにもチラシ、ラジオ・テレビ、DMなどの販促経費を減らすことは、顧客離れを加速させないかとの恐怖心もあってなかなかできません。しかも最近は買い物難民対策として送迎バスやタクシー代の補助、あるいは商品を運べない高齢者のための預かりサービス、お届けサービスにも取り組まなければなりません。こういった取り組みはコストや人手を要します。

　リアル店舗はお客様の来店待ちの商売です。そこで飲食業、量販店・食品スーパーなどでは配達やネットスーパーの展開など、新規チャネル開拓に乗り出す企業も増えています。

　複数チャネルで顧客層にアプローチする動きは、マルチチャネル化につながっていきます。マルチチャネルというのは、リアル店舗だけに頼らず、多角的に購買導線を増やし、それぞれの販売チャネルごとに購買動向を細かく分析・対応することでトータルの収益アップを図っていく考え方です。

　ただし、小売業全体としては伸び悩み状況にあることに変わりはなく、急拡大しているネット販売に比べてリアル店舗の成長性が低いという実態は解消されません。リアル展開が中心の企業は、店舗を持つ強みを活かせる戦略構築の必要性を痛感しています。

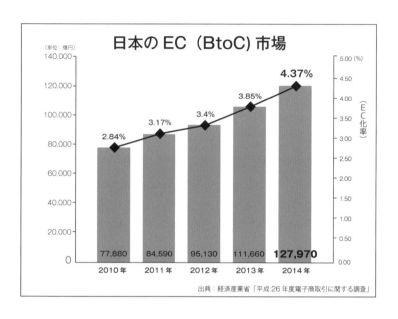

出典：経済産業省「平成 26 年度電子商取引に関する調査」

すべての販売チャネルを連携させる

　そこで登場したのが、オムニチャネルという概念です。
　オムニとはラテン語で「すべて」を意味し、オムニチャネル戦略はすべての販売チャネルを連携させて顧客にアプローチしていくものです。
　マルチチャネル戦略では店舗と EC サイトなどチャネルごとにサービス内容は異なりますが、オムニチャネル戦略ではサービス内容はもとよりデータ管理やオペレーションシステムまでをチャネルをまたいで融合させ、顧客によりよいサービスを提供していこうとします（ネットからリアルへ送客する O2O の考え方もオムニチャネルの一部と考えてよい）。
　この概念は、米国の百貨店メーシーズの CEO が 2011 年にオムニ

チャネル化宣言をした頃から脚光を浴びるようになり、今や全世界で研究と開発が進められています。日本でもセブン＆アイ・ホールディングスを筆頭に大手流通企業が推進しています。

オムニチャネル展開を進めれば、注文、受け取り、配送・配達拠点となるリアルな店舗網を整備している企業が有利になります。特に店舗を都市部から地方まで張り巡らせているコンビニを拠点にすれば、顧客の利便性は非常に高まるでしょう。過疎化が進み商業施設が減少しているエリアでも、日常生活の不便を解消ができる可能性が高いはずです。今以上にコンビニがインフラ機能を高め、文字どおり"便利なお店"として貢献していくことが予想されます。

また、スマートフォンの普及が買い物スタイル全体を大きく変えつつあります。

すでにアメリカでは、定期的によく購入する商品や音声認識検索で

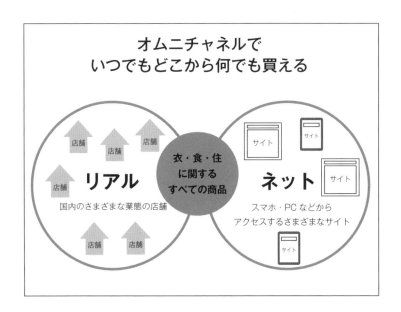

探し出した希望商品の買い物リストをアプリに入れて店舗に買い物に来てもらう、店舗の場所や商品の在庫状況、店内の商品棚の位置などまでわかるようにするといったサービスが実施されています。また、アプリが店内の新商品やお得商品、イベントの案内を表示するというように、ネットとリアルの融合によるサービスも展開されつつあります。

「誰もが、いつでも、どこででも、何でも」買えるように

オムニチャネルは、誰もが、いつでも、どこででも、何でも買うことができることを目指しており、店頭に在庫がなければECサイトからすぐに商品が購入でき、ECで購入した商品を店頭で受け取れる、あるいは返品できるなど、きめ細かなサービスも実施できます。つまり買い物行動すべてを顧客目線で見直し、①事前に、②店内で、③購入後も手伝うというサービス付加を、低コストで効果的に実現していくのです。

日本のEC化率は年々高まっており、さらに高まるものと予想されますから、オムニチャネルは小売業の重要な戦略となっていくはずです。

セブン&アイ・ホールディングスとユニクロを展開するファーストリテイリングのいわば強者連合が、オムニチャネルでの業務提携を進め始めています。今後は、日本国内だけでなく、海外のコンビニ店舗でユニクロの通販商品を受け取ることができるようになるわけで、オムニチャネルの販路を完成させた企業はさまざまな業種の企業と提携し、品揃えを充実させていく可能性があります。

顧客の側から見れば、1人の顧客は複数のチャネルを自由に行き来し、商品とサービスの購買経験を積み上げていきます。提供されるサービスや商品の品質が一定の水準を満たしていれば、顧客はチャネルに

関わりなく、提供企業との付き合いを意識するようになるでしょう。企業のブランドが重視されるのです。

　売り手側から見れば、顧客が自社のどのチャネルから買ってもよく、自社に対してどれだけ財布を開いてもらえるかがポイントになります。

　オムニチャネルが実現できれば、企業と顧客の関係性強化が図られるわけです。

　そして売り手、買い手の双方にとって、店舗は商品の購入拠点、受け取り拠点、発注拠点、情報収集および相談拠点として、より重要な存在になりますから、顧客に近いところに多店舗の拠点を整備し展開している企業が有利になることは間違いありません。

　オムニチャネルの勝者は流通業の勝者となっていく可能性が高い。このことを意識して大手流通業はオムニチャネル戦略の構築を急いでいます。そしてそれは、旧来のリアル店舗での販売依存度を引き下げていくことになるでしょう。

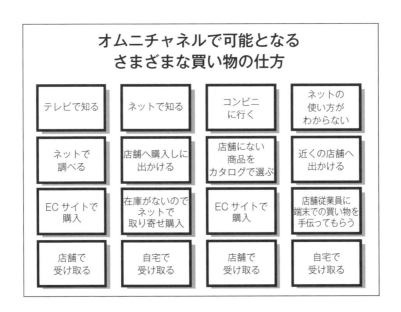

第2章
人口減少時代の小売業経営とは

第1章では小売業について、その歴史と変遷を見てきました。
この章では、これからの小売業の基本戦略について考えてみます。
小売業はこれまで、規模の拡大を第一義とし、拡大の支えとなるオペレーションの統一に取り組んできました。けれど人口の減少と高齢化、地域格差拡大といった問題に直面した今、戦略を再構築すべきときを迎えています。
そこで人口や地域の動きを見た上で「地域一番店の多店舗化」戦略の考え方を整理してまいります。

■日本における小売業の動向

まず、日本における小売業の動向を見ておきましょう。

年間販売額は右肩下がりが続く

下図は、小売業の年間販売額と事業所数の推移をまとめたものです。年間販売額は 1997 年の 148 兆円をピークに減少に転じ、一時的な回復期はあるものの、基調としては右肩下がりとなっています。

なお、2012 年度が大幅に減少しているのは、2008 年のリーマンショック、2011 年の東日本大震災の影響によるものと推測されます。

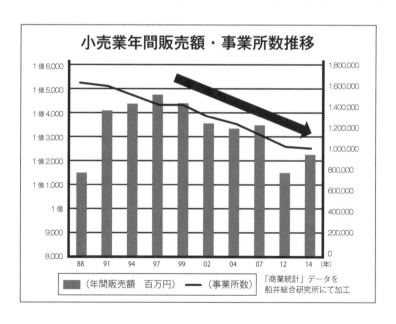

際立つ「織物・衣料・身の回り品小売業」の減少

次に、中分類別の伸び率を見てみましょう。

下図は、ピークだった1997年の年間販売額に対する、業種ごとの経年成長率を示したものです。「織物・衣料・身の回り品小売業」および「各種商品小売業」の減少が際立って大きいことがわかります。

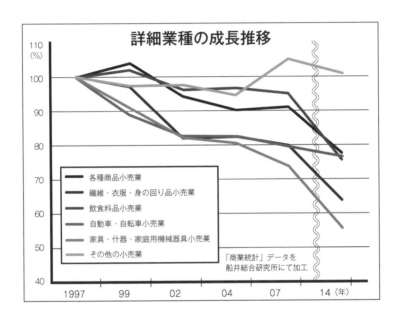

■小売業と人口との関係

小売業の減少傾向は、今後も継続するものと考えられます。小売業は当然ながら足元の人口に大きな影響を受ける業態だからです。特に影響が強いと思われるのは、以下の3点です。

①人口ボリュームとその推移
②人口ボーナス

③平均所得水準の推移

これらの推移を、簡単に整理しておきます。

15〜65歳の生産人口の減少が消費を減少させる

まず、①の人口ボリュームとその推移について。

総務省統計局によると2008年が人口減少元年といわれており、それ以降、断続的に人口減少が続いています。

人口減少と合わせてとらえておくべきは高齢化ですが、生産人口といわれる15〜65歳未満人口の減少が特に顕著です。急速な高齢化が進む日本では、消費も加速度的に減少するでしょう。

②の「人口ボーナス」というのは、人口構成をとらえた考え方です。

国の経済成長と大きく関係するもので、15〜65歳未満の生産年齢人口が、それ以外の従属人口（0〜14歳、65歳以上の人口）の2倍以上ある状態になっていると、経済成長率は伸びやすいとされます。都市化や工業化の進展による所得増、消費活発化により、高い経済成長率を実現する潜在能力があるからです。

日本の人口ボーナスは1960年から1992年まで続きました。まさしく日本の高度経済成長期と一致します。

国立社会保障・人口問題研究所のデータなどによれば、日本の人口は2040年には2,000万人以上減少し、なかでも生産人口は団塊ジュニアが定年を迎えることによって約5,800万人へと、人口減少の3倍近いスピードで減ると見込まれています。

生産人口は消費も旺盛で小売業の動向とも直結します。このままいけば人口減少以上のスピードで小売業の市場規模は縮小するでしょう。

ただ、一つ救いがあるのは、訪日外国人観光客の増加です。近隣のアジア諸国は、人口ボーナスからわかるとおり、さらなる経済成長が

見込まれます。消費旺盛な人たちが日本国内で消費してくれるなら、これが一つの望みになります。とはいえ相対的には下がると見るべきでしょう。

所得も1994年をピークに減少が続いている

最後に、これも消費に大きな影響を与える、③の所得の推移を見ておきましょう。

下図は、日本における所得の推移を示した表です。日本の1世帯当たり平均所得は、1994年の664.2万円をピークに下がり続け、2012年は537.2万円、80.9％の水準までダウンしています。この20年間、消費単価ダウンやデフレ環境が続いたこととも無関係ではないでしょう。

このように1991年のバブル崩壊以降、日本の小売業を取り巻く環境、特に人口関連動態は大きく変化しています。

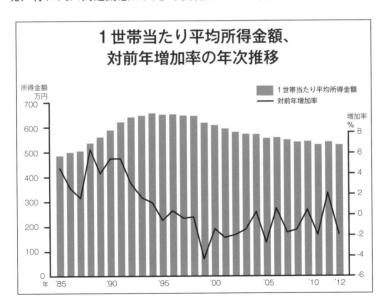

所得の低下、消費人口の減少と、どこをとってもいい材料は見つからず、小売業の苦戦は間違いなく続きます。こうした動きに、国内の小売業は対応していかなければならないのです。

■人口動態に対応した今後の小売戦略のあり方

では、ここまで見てきた環境の変化——特に人口動態の変化に対して、小売業はどのように対応していけばいいのでしょうか。その戦略的考え方について述べていきます。

地域で勝ち残る"地域一番店"戦略が必要
これまでの小売業展開において主流を占めていたのは、標準化店舗、標準化MD（マーチャンダイジングの略＝品揃えおよび価格）によるチェーン展開でした。この戦略は高度経済成長期の"よりよいものをより安く"提供する店舗をすみやかに大量展開するのにマッチしていました。バブル崩壊以降のデフレ環境下においても、大量仕入れ、大量販売によるコストダウンと低価格販売が小売業の主力戦略でしたから、やはり規模の拡大戦略が一貫して中心に据えられていました。

しかし、さらなる人口減少と地域格差が広がる動きを見れば、もはやこの戦略は限界にきていることがわかります。今や、それぞれの地域で勝ち残ることのできる"地域一番店戦略"をとり、1店舗1店舗をしっかりとつくり込む経営への転換が必要になっているのです。

そのポイントをまとめたのが、次ページの図です。

市場が収縮していくと、一番店に顧客が集中する現象が起こります。そのため全国一律の標準店展開の発想では、効率化はできても、地域で勝ち残る店舗にはなれません。

標準店展開にこだわるのであれば、自社にあった商圏立地を徹底し

地域一番店戦略のポイント

	これまでの戦略的志向	今後の戦略的志向
店舗展開	標準店の多店舗化	一番店の多店舗化
商品構成	標準化されたMD	標準化を中心としながらのローカライズを考慮したMD
売上発想	客数 × 客単価	客数 × 客単価 ＋ 対象人口 × 1人当り年間消費額 × シェア
ターゲット	商圏内人口数	商圏内人口数 ＋ 商圏特性に応じた売り手の4Pや買い手の4C発想

て選び、結果、少数店舗しか展開できなくても、該当立地だけに展開するという戦略が、これまで以上に必要となってくるでしょう。

"地域一番店"になるには、地域や商圏内の状況をしっかりと把握し、商圏内顧客のニーズに合わせた対応が必要なのです。

■1人当たり年間消費額とシェア発想

一番店の多店舗化戦略を実行する上で、ぜひ知っておいてほしい概念があります。それは上の図に記載した、「客数×客単価」という発想プラス「対象人口×1人当たり年間消費額×シェア」という考え方です。

商品ごとの「1人当たり年間消費額（支出額）」は、次の算式で求めることができます。

商品別日本国内総消費額÷日本の総人口＝１人当たり年間消費額

　ちなみに日本の統計データは、世界でも屈指の、信頼できるデータです。政府の統計データはもちろん、業界団体がしっかりしており、国内における商品別の市場規模がきちんと算定されています。

総務省統計局の「家計調査年報」を活用する
　数ある統計データのなかで、特に知っておいてほしいのは、総務省統計局が実施している「家計調査年報」です。1950年代から毎年、継続実施されている調査データです。
　この家計調査年報が特に優れている点は、単品レベルでの１世帯当たりの年間平均支出額が、都道府県都市別にデータ化されていることです。
　この調査は「家計」を中心に調査されているため、家庭消費——特に最寄り品（より近隣で買う商品）、消耗品といわれる商品について、信頼性の高いデータが得られます。
　個人消費が強い商品については、やや実態と合わない部分もありますが、それでも一つの指標としては十分に使えるデータです。個人消費が強い商品や耐久品に関しては、業界団体などが出している統計を併用して市場規模をとらえるとよいでしょう。

商圏内の年間消費支出額を単品ごとにつかむ
　これらの指標と自社の商圏内対象人口を組み合わせることで、商圏内における単品ごとの年間消費支出額（＝市場規模）が算定できます。それをもとに自社の売上シェア（＝商圏内顧客よりの支持率）を算出すれば、競合関係や自社の立ち位置が明確化できます。
　具体的に見てみましょう。次ページの図をご覧ください。

魚介類における商品分類別1人当たり年間消費金額

世帯数（1000世帯）	55,952
人口（千人）	128,438

※平成26年1月1日 住民基本台帳人口・世帯数

平成26年（2014年） 1人当り年間消費金額

大分類	中分類	小分類	詳細分類	1世帯当たり年間の品目別支出金額	市場規模（千円）	1人当たり年間消費金額（円）
魚介類				64,782	3,624,682,464	28,221
	生鮮魚介			36,613	2,048,570,576	15,950
		鮮魚		33,542	1,876,741,984	14,612
			まぐろ	4,530	253,462,560	1,973
			あじ	980	54,832,960	427
			いわし	478	26,745,056	208
			かつお	1,312	73,409,024	572
			かれい	984	55,056,768	429
			さけ	3,294	184,305,888	1,435
			さば	853	47,727,056	372
			さんま	1,003	56,119,856	437
			たい	896	50,132,992	390
			ぶり	2,502	139,991,904	1,090
			いか	1,812	101,385,024	789
			たこ	1,051	58,805,552	458
			えび	2,270	127,011,040	989
			かに	1,603	89,691,056	698
			他の鮮魚	5,849	327,263,248	2,548
			さしみ盛り合わせ	4,125	230,802,000	1,797
		貝類		3,072	171,884,544	1,338
			あさり	722	40,397,344	315
			しじみ	312	17,457,024	136
			かき(貝)	786	43,978,272	342
			ほたて貝	882	49,349,664	384
			他の貝	369	20,646,288	161
	塩干魚介			11,894	665,493,088	5,181
			塩さけ	1,688	94,446,976	735
			たらこ	1,962	109,777,824	855
			しらす干し	1,172	65,575,744	511
			干しあじ	730	40,844,960	318
			煮干し	273	15,274,896	119
			他の塩干魚介	6,069	339,572,688	2,644
	魚肉練製品			7,298	408,337,696	3,179
			揚げかまぼこ	2,073	115,988,496	903
			ちくわ	1,405	78,612,560	612
			かまぼこ	2,658	148,720,416	1,158
			他の魚肉	1,162	65,016,224	506
	他の魚介加工品			8,976	502,225,152	3,910
			かつお節・削り節	770	43,083,040	335
			魚介の漬物	2,747	153,700,144	1,197
			魚介のつくだ煮	1,063	59,476,976	463
			魚介の缶詰	2,074	116,044,448	904
			他の魚介加工品のその他	2,322	129,920,544	1,012

※総務省統計局 「家計調査年報 平成26年（2014年）」のデータを船井総合研究所で加工
※1世帯当たり年間の品目別支出金額は、家計調査年報のデータをそのまま使用。
※市場規模＝品目別支出金額×世帯数　　※1人当たり年間消費金額＝市場規模÷人口

これは家計調査年報を元データとし、生鮮魚介類の1人当たり年間消費支出額を船井総合研究所で算定したものです。このように単品レベルまで落としてマーケットを把握すると、鮮魚魚介カテゴリーでのシェアがつかめるだけでなく、単品ごとのシェアも詳細につかめますから、鮮魚を強くするにはどの単品から強化すればいいかといった分析も可能になります。

■日本は地域により購買行動が変わる

　地域一番店を意識する場合、地域性要素も考慮しなければなりません。
　日本は縦（南北）に長い国ですから、気温や風習、食文化など、地域による違いがかなりあります。そのため商品の売れ行きも、地域によってかなり変わります。
　右ページの図を見てください。これは生鮮魚介という中分類と、単品レベルでの「サケ」のエリア別指数です。全国平均を100とし、都道府県ごとの指数を出しています。
　サケの消費指数が最も高いエリアは北海道の160。最も低いエリアは高知県の48です。つまり北海道では高知県に比べてサケが3.3倍以上売れる（消費される）……ということがこの統計データからわかります。
　あくまでも理論上の話になりますが、北海道の店舗では高知県の店舗に比べてサケのフェイス数を3.3倍にすべきですし、全国平均の1.6倍にすべきでしょう。

地域特性に合わせた商品展開を
　この種のデータはさまざまに利用できます。

「サケ」のエリア別指数

都道府県名	生鮮魚介	サケ	都道府県名	生鮮魚介	サケ
北海道	114	160	滋賀県	86	89
青森県	113	136	京都府	120	123
岩手県	89	111	大阪府	98	92
宮城県	95	103	兵庫県	85	92
秋田県	103	114	奈良県	103	96
山形県	62	90	和歌山県	115	89
福島県	86	104	鳥取県	87	54
茨城県	79	104	島根県	71	74
栃木県	88	98	岡山県	82	72
群馬県	81	119	広島県	102	82
埼玉県	83	91	山口県	77	66
千葉県	92	74	徳島県	92	82
東京都	109	108	香川県	97	96
神奈川県	100	120	愛媛県	97	87
新潟県	86	92	高知県	120	48
富山県	97	74	福岡県	81	72
石川県	116	90	佐賀県	72	63
福井県	84	65	長崎県	100	96
山梨県	92	118	熊本県	64	57
長野県	91	124	大分県	94	80
岐阜県	80	83	宮崎県	83	63
静岡県	95	67	鹿児島県	90	96
愛知県	90	81	沖縄県	51	66
三重県	118	97	全国平均	100	100

※総務省統計局 「家計調査年報 平成26年（2014年）」における県別調査データを船井総合研究所で加工し、全国平均を100とした時の指数を表記
※家計調査年報の調査は、県庁所在地都市が対象となっておりそれを船井総合研究所が都道府県別に加工し直している

たとえば筆者は和歌山県出身なので和歌山県に焦点を合わせてみると、和歌山県の家庭は牛肉の年間支出金額が全国で最も高くなっています。日本全体の平均値は1世帯当たり年間16,440円の支出です。和歌山県は31,727円ですから、全国平均のおよそ2倍の牛肉を食べていることになります。

　また、関西圏はどの府県も全国比で牛肉の指数が高くなっています。よく関西は牛肉文化だといわれますが、統計データからもそれが明らかです。

　小売業ではこういった地域特性に合わせた商品展開が不可欠ですし、店舗商圏内の人口構成や競合の状況などを加味すれば、さらに細かい対応が必要であることをよく認識してください。

　地域の中小量販店が大手に対抗して勝ち残っている理由の一つに、「地域特性を把握し経営に生かしていること」が挙げられますが、地域一番店を目指すには、このように細やかな対応が必要ということです。

　なお、ここでは生鮮魚介類を例に取り上げましたが、食品に限らず衣料品や日用雑貨などあらゆる商品について単品ごとの都道府県別データを取得できます。活用してください。

■将来における商品別の売上も予想できる！？

　家計調査年報は1950年代から毎年のデータが継続取得されていますから、過去からの支出推移を把握することが可能ですし、将来の人口や年齢構成をシミュレーションすることもできます。これらを組み合わせれば、5～10年先のエリア別・商品別の販売額も予測可能となります。

動向予測を地域や単品ごとに行なってみる

　たとえば下図は、大分類での食品の世帯当たり支出額の、2000年を基準とした伸び率です。

　肉類や乳卵類の伸びは大きいのですが、穀類や魚介類は微減傾向が見られます。これは食生活の変化による影響でしょう。

　そこで減少率の大きい穀類に着目してみます。

　穀類の中分類での世帯当たり支出額推移を見たのが次ページの図です。これをご覧いただけばわかるとおり、穀類全体の世帯支出額は減少傾向にあり、その最大の理由は「米」の消費減少で、「パン」などは増加しています。

　さらに統計情報を有効に組み合わせることで、詳細品目レベルで将来の市場規模も予測できます。具体的には、品目別1世帯当り年間消費支出額の増減率と、将来人口推計を組み合わせま

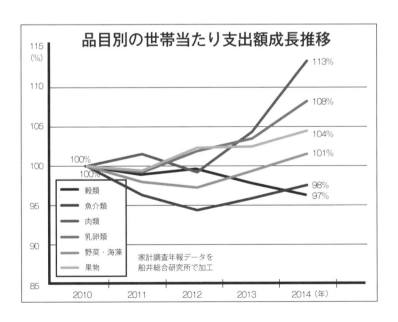

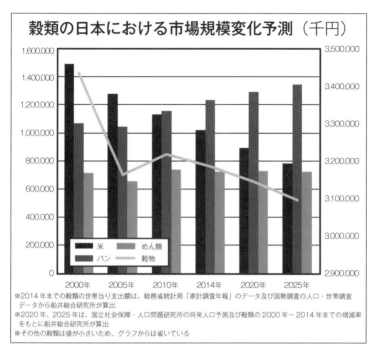

す。それが以下の計算式です。

①品目別1世帯当たり年間消費支出額 × 世帯数 ＝ 品目別市場規模
②品目別市場規模 ÷ 人口 ＝ 品目別1人当たり年間消費支出額
③品目別1人当たり年間消費支出額 × 経年増減率 ＝
　将来の品目別1人当たり年間消費支出額
④将来の品目別1人当り年間消費支出額 × 将来人口 ＝
　将来品目別市場規模

　これで日本における将来の穀類市場規模を算定してみました。すると穀類全体への支出額は市場規模減少と人口減少により下がり、その

なかで米の消費は大きく落ち込みますが、パン類は大きく伸びることがわかります。

　この統計データによる推測に、店内に焼き立てパン工房をもつ食品スーパーが増加している現状を考え合わせれば、2030年には「主食はパン」とされるほど食文化が変わる可能性が高いであろうと読み取ることができます。

　米は主食から食材の一つに変化する可能性もあります。かつてのように大量消費するわけではないため、よりグルメ化し、高級米や高度な加工米が売れていくことも予想できます。このような動向予測を、地域ごと、単品ごとに行なうことも可能です。

　すなわち、消費側からもアプローチすることで、より詳細で確度の高い傾向がつかめ、経営判断に役立つレベルまで落とし込むことができるのです。

第3章

これからは一番店の多店舗化時代

日本全国同じお店を多店舗経営しても、もはや売上は上がりません。
これからは、「何か」「どこか」で一番になる「一番店」づくりを目指し、地域特性に合わせて多店舗化していくのが正攻法です。
本章では、そのための要諦をまとめてあります。

■一番店多店舗戦略の要諦

　小売業、飲食業、サービス業において、店舗は顧客との関係を築き、売上・利益を獲得する重要な場です。出店や店舗展開は、その企業にとって成長戦略そのものといえます。

　しかしながら、おいしい寿司や新鮮な野菜を販売する青果店はたくさんありますが、それらすべてが近代的な企業として成功しているかといえば、そうではないのが現実です。

　食品小売業や飲食業にとって、味や鮮度のよさは店舗経営の根幹ともいえる重要な要素ですが、それだけを磨いても企業としての成長につながらない場合が多いのです。

「売場面積拡大」と「スタッフ数の増大」が成長のカギになる

　企業の使命は、収益を獲得すること、人材を育成すること、生活者、従業員とその家族、関係者に感謝しお役に立つことですが、その実現には「総売場面積の拡大」と、採用および教育制度充実を主軸にした「スタッフ数の増大」が必要条件になります。

　店舗事業で成功をおさめるには、この２点に戦略的かつ計画的に取り組むことが重要です。合わせて経営レベルを向上させ、より近代的かつ安定的な経営を目指すことも忘れてはなりません。

　そのためには一定数の多店舗を運営する技術とシステムを構築する必要があります。

多店舗化には「10店舗の壁」がある

　一般的に飲食店や専門店レベルでは、10店舗まではファミリービジネスの域を出ないことが多く、大胆に発想を変えていかなければ企

業化は容易ではありません。

　多店舗展開においては「10店舗の壁」というものがあります。また、30店舗を超えるにも旧来の仕組みを抜本的に変革しなければならないことが多く、「30店舗の壁」なるものもあります。

　11以上の店舗を標準化してコントロールする仕組みをもつ企業をチェーンストアと呼びます。ここでいう標準化とは、店舗、品揃え、オペレーションの標準化です。

多店舗展開と経営レベル

店舗展開の状況	経営レベル	経営の現状	課題
1～2店舗	生業店	家族を中心に営業をしている	成長意欲が少なく、競争に弱い
3～10店舗	家業店	家族以外の従業員が店長など幹部になっている	人材がなかなか育たない
11～30店舗	小企業化	社員が営業部長などの幹部になっているが、権限はオーナートップに集中している	組織はあるが機能しない 幹部の人材育成 組織体制の整備 財務体質強化
31～100店舗	中企業化	組織化され権限が委譲されており、実質的な営業は社員が中心に行なっている	SVなど中堅幹部の人材育成 システム整備 不振店対策（競合対策） 管理体制強化
101店舗～	大企業化 大手企業	資本と経営が分離されており社員が代表取締役の場合もある	組織の活性化 業態の活性化 新規事業開発

＊SV：スーパーバイザー。本部に籍を置き、複数店舗を管理監督し教育し成果をあげさせる担当者

最強のフォーマットをつくり上げる

　市場の縮小と店舗間競争は日増しに激しくなっており、スポーツ大会なら地方予選を勝ち抜いた強豪同士による全国大会レベルの戦いが繰り広げられているような状況です。

　このような時代に多店舗展開を行なうにあたっては、最強フォーマットをつくり上げる意識が重要になります。ライバル企業に対して

圧倒的な優位性をもつ最強フォーマットの店舗であってこそ、多店舗展開が可能となるのです。

顧客の価値観の多様化と同質化に対応した店舗が増加した現在では、資金が潤沢に確保できたとしても、準備なしに多店舗展開に乗り出すことや、過去の成功体験に依存した安易な展開を重ねることは避けなければなりません。

重要なことを整理しておきましょう。

①他社を圧倒する戦略を明確にした上で、自社の最強フォーマットをつくり上げる
②出店立地の商環境と競合状況に対応する調整を行ない、地域で主導権を握ることができる最強の店舗、一番店づくりを目指す

多店舗展開は企業としての成長性と収益性の向上のための手段であって、それを目的にしてはならないのです。

■勝つための戦略を構築する

ビジネスの標準形をつくる

店舗戦略で忘れてはならない基本事項は、自社の理念や経営者の哲学、ビジョンにのっとった事業展開を行ない、顧客の支持を勝ち取り収益を獲得することです。

そこで必要になる一つが、競争が激化していっても顧客の支持を失わず、勝ち残れる作戦（シナリオ）を描くこと。「勝つための戦略をどう立てるのか」ということです。特徴をもたない、"どこにでもあるけれど、買いたいものがあまりない"という状態にならないようにしなければなりません。

「どのようなフォーマットをつくるのか」は、店舗企画にあたって、どのような顧客ターゲットに対し、どれだけの店舗サイズで、どういう商品構成、レイアウト・ゾーニング、サービス、販売方法で提供するかといったビジネスの標準形をつくり上げることです。

　つくり上げた標準フォーマットを多店舗展開していくには、出店立地を探しだして商圏を定め、商圏内の顧客の支持をどれくらい勝ち取って収益を獲得していくのか、シミュレーションする必要があります。これが「どのような考え方で出店していくのか」という部分です。

品揃えと価格の戦略を定める

　「どのようなマーチャンダイジングを展開するのか」は、商品構成（品揃え）と価格戦略を定めることです。自社らしさと自社フォーマットの強みを失わず、競合の商品構成と価格戦略に対抗する意識を欠か

多店舗展開の明確化事項

- 勝つための戦略をどう立てるのか
- どのようなフォーマットをつくるのか
- どのような考え方で出店していくのか（立地・商圏）
- どのようなマーチャンダイジングを展開するのか
- どのようにオペレーションをするのか
- どのように組織・人材育成をするのか
- どのようにマネジメントをするのか

さずに検討することです。

　会社の戦略との関係が深い事項ですから、①競合の攻勢を受けても自社の商品構成や価格は標準形を守り通して店舗展開を続けていくのか、②一定部分は地域対応していくのか、③一定部分は個店対応で修正し競合と戦うのか、といったことを検討し方針を固めておきます。不確定のままだと現場は対応できず、顧客の支持を失うことになりかねません。本部が方針を示さず指示もしないために、現場が独自の判断で動いてしまうようなことになれば、「どのようにマネジメントするのか」とも関連するのですが、マネジメントが崩れてしまいます。

　そして「どのようにオペレーションをするのか」「どのように組織・人材育成をするのか」というソフトの面からも、優位性を高めていくようにします。

効率重視部分と非効率部分の両面に取り組む
　市場が成熟化した現在の日本では、「脱チェーンストア理論」が語られることも少なくありません。けれどチェーンストア理論は、標準型の店舗を効率的に多店舗展開する基礎理論です。

　標準型の店舗を数多くつくっても、それが弱い標準型店舗であれば利益が出ない時代になっているのですから、効率を重視すべき部分は理論を参考にして徹底し、自社の哲学や価値観の表現、店舗の魅力づくりといった、非効率かもしれないけれど優位性向上のエンジンになることにも注力すべきことを理解し、両面に取り組むべきでしょう。

　効率・非効率のバランスをどう取ればいいのか、悩ましいところでしょうが、基本的には、顧客によく見え、顧客が受け取る価値に直結する部分が多いフロントエンドは効率重視とは距離を置き、顧客に見えない部分は徹底した効率化に努めるとよいでしょう。

■愛される店舗事業の要件

　店舗事業を永続的に発展させていくためには、多店舗展開し総売場面積を増やしていく必要がありますが、老朽化した店舗は安全性や快適性、顧客サービス、維持コストの面で最新技術を導入した新しい店舗に劣りがちになりますから、スクラップやリロケーション、改装に計画的に取り組む必要が生じてきます。

「店舗年齢」のコントロールも忘れずに
　多店舗展開企業では、この問題を「店舗年齢」という概念でコントロールしています。店舗年齢は新設時を０年として毎年年齢が増えていき、大規模な改装、売場面積1.3倍以上への増床、リロケーションや業態転換などが行なわれると０年に戻ります。
　店舗数が多い企業では、複数の店舗をスクラップ＆ビルドしても店舗年齢の平均値は上がっていきますから、怠りなく店舗年齢管理と資金準備をし、既存店は計画的に改装や業態転換などを行ない店舗年齢が高年齢化しすぎないようにコントロールしていく必要があります。一般的に店舗年齢が30年を超えると、経営状態は厳しくなります。
　通常、店舗と社員の平均年齢が低いほうが成長性、収益性は高くなりますから、高年齢企業が成長性、収益性を高めていくのは簡単ではありません。店舗と社員の平均年齢がともに緩やかに上昇するのが望ましい状態です。
　丁寧な営繕やメンテナンスを行なっていれば、店舗の老朽化も、それによる顧客離れも抑止できますが、時代とともに地域特性や買い物客の流れ、顧客の嗜好なども変化していきますから、高年齢になった店舗はスクラップや業態転換するのが一般的です。
　店舗年齢をコントロールし店舗環境を整えておくことは、QSC向

上の必要条件の一つといえます。

ソフト面の充実も怠りなく

　店舗環境＝ハードだけを整えても、店舗を維持していく条件は満たせません。オペレーションやマーチャンダイジングなどソフト面を充実させてこそ、それぞれの店舗が地域で愛され支持される条件が満たされます。モノを揃えて提供するだけで顧客が満足したのは遠い昔のことです。

　なお、顧客の欲求や期待を理解するには「マズローの欲求5段階説」が参考になりますので、ご承知とは思いますが図を載せておきます。

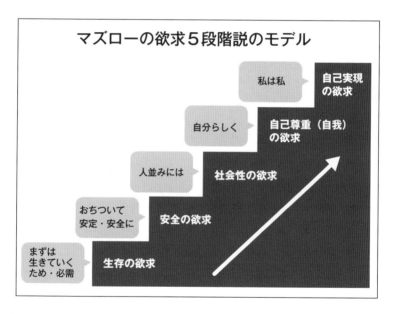

店舗ビジネスはヒューマンビジネス

　企業は店舗網を通じて自社の姿勢や取り組みを顧客に理解してもらい、信頼され愛される存在・ブランドになっていかなければなりませ

ん。

　そのためには本部と店舗とがそれぞれの役割を認識し、その遂行に取り組んでいくことが不可欠です。

　時代に対応するフォーマットは変化していきますから、業態開発部や店舗開発部は、複数のフォーマット開発を進めます。

　商品部は、顧客を惹きつける魅力的な商品・サービスを追求します。

　店舗運営部は、顧客が気持ちよく買い物ができ満足感を得られることを念頭に置き、そういう店舗運営ができる人材の育成と配置に取り組みます。

　個別の店舗では、それぞれの地域において顧客の望む商品を的確に提供していくためのマーチャンダイジングの実践、顧客の信頼を勝ち取れるオペレーションレベルの向上、サービスの充実に取り組みます。

　このことからおわかりいただけるとおり、店舗での顧客への提供価値は、ヒトによってつくられていくものです。

　いくら合理的な運営を追求しようとも、店舗ビジネスはヒューマンビジネスであることを忘れてはなりません。働くヒトのモチベーションが低下すれば、店舗の魅力は一気に失われていくものです。

　新しくてきれいで、立地も悪くないのに店内はガラガラという店を目にされることがあるでしょう。近くにある店は、店舗年齢は高いけれど繁盛しています。その差は、店舗スタッフの差です。スタッフが会社と仕事に対してプライドと自信を持ち、愛される店舗をつくっていこうという意識を持つことが、愛される店づくりの原点です。

　愛される店づくりのポイントをまとめると、以下の3点（次ページの図）になります。

> ## 地域で愛される店舗に必要なこと
>
> ① 従業員一人ひとりが店舗の使命と企業の戦略、仕事の目的と意味、会社の歴史と実績を理解し、プライドと自信、顧客に対しての愛情を持ち商品・メニューの開発。提供に取り組めること
>
> ② 店舗の地域社会における存在意義と役割を理解しながら、ターゲットとして定めた顧客本位で「店舗のあるべき姿」を考え、利便性、満足感、喜びを与え続けることに情熱を持てること。そして災害などが起きた時には可能な限り地域に貢献できる存在となれるよう地元愛を持ち、地域社会と地域顧客との関係性を強化し続けること
>
> ③ 地域になくてはならない店、あってよかった店といってもらえるように、三方良し(売り手良し、買い手良し、世間良し)の精神でしっかりと収益を獲得しながら本業中心で貢献し続けるために店舗の体力を高め続けていくこと

ES(従業員満足)あってこそのCS(顧客満足)

こういったことが、今の店舗経営に関する理論書ではあまり語られなくなってきました。精神主義だとか、小規模商店の思想にすぎないなどと軽視されることもあります。

しかし、それは偏狭なとらえ方です。チェーンストア理論、一番店理論の理解不足といってもいいでしょう。

成長している企業は、ヒトを生かし輝かせる経営が上手な企業ばかりです。

グレート・プレイス・トゥ・ワーク(GPTW:アメリカをはじめ世界約50カ国で実施されている「働きがいのある会社」調査)の結果を見ても、それは明らかです。上位にランキングされている、すなわち社員が働きがいを感じている企業ほど、生産性は高く業績も好調です。

個人商店が多数を占めた時代は、工業化の手法が効果を発揮しました。業態、店舗、コンセプトを製品ととらえ、製造マニュアルを整備し、部品仕入れの仕組みなどを構築して店舗を大量生産していくやり方です。
　しかし工業化は、勝利の方程式ではありません。
　顧客を魅了し惹きつける会社になるには、まず働き手を魅了し惹きつける会社でなければなりません。従業員を愛し、ワクワクさせることができない企業が、顧客を愛し、ワクワクさせることはできないでしょう。つまりES（従業員満足）が実現できてこそ、CS（顧客満足）が果たせるのです。
　店舗ビジネスは労働集約型ビジネスだけに、とりわけ人間性重視の経営を忘れてはならないのです。

■地域変数の徹底活用

　世界に店舗網を広げ、完成度の高い店舗経営を行なっている小売業や飲食業、サービス業の企業は、それぞれの出店先で、本国と同じ店づくりや店舗運営を押し通してはいません。
　出店する地域によって、宗教観や国民性、気候は異なりますし、生活様式や経済状況、商品の需給状態や人材確保の難易度など、さまざまな面で差異があるからです。

地域の実態に応じて"ローカライズ"する

　日本国内でも、寒い地域と温暖な地域とでは生活スタイルは異なり、商品の需要もひとくくりにはできません。しかも、いくら情報化が進んでも、大都市圏、中核都市圏、地方都市圏では流行の立ち上がり速度も違います。

こういった地域の実態に応じて店舗運営を"ローカライズ"することが重要です。

ローカライズの重要性には、以前から誰もが気づいていたのですが、細やかに対応するためのデータが乏しく、そのため経営者や幹部、店長が日常の業務から得た経験則によって対応しがちでした。そして経験にもとづく対応は、時として経営効率化をすすめる上で否定されることも多いのでした。

けれど現在は、レジのデータや顧客のカード利用状況などの分析結果をビッグデータとして活用し、地域特性にきめ細かく対応できるようになっています。

競争優位性を手にするためには、今やローカライズは不可避の重要課題です。

ネットや通販事業者との競合を意識する

ローカライズはお客様に愛される店づくりに不可欠なのですから、出店計画の早い段階で出店地域についてデータ分析を行ない、品揃えや在庫の適正化を図ります。さらには価格設定や需要予測にも続く新商品開発も検討しておきます。

運営コストを抑えることのできるネット通販業者が低価格を武器に需要獲得を狙っていますから、ネット通販に比べて利益確保が厳しいリアル店舗が大雑把かつ金太郎飴型のマーチャンダイジングや価格設定、販促施策で利益を獲得するのは当然ながらきわめて困難です。

ネットや紙媒体による通販企業がシステム化、標準化、仕入れ・配送の効率化を追求し主導権を握っているのが現状ですから、店舗ビジネスの同業者との戦いだけでなく、通販ビジネスとの戦いや、オムニチャネル時代にどう生き残るかを考えなければならないのです。

定量情報と定性情報を活用する

　的確なローカライズを進めるには、デモグラフィック分析による定量情報とサイコロジカル分析による定性情報を活用します。

　デモグラフィック分析は、人口統計学的な面からマーケットを分析するもので、地域の人口や世帯数、年齢分布、所得、昼間・夜間人口、人口の流出入データなどを用います。これらのデータのほとんどは行政機関で入手できます。

　サイコロジカル分析は、心理学的な面からマーケットを分析するもので、地域に住む人たちの価値観やライフスタイルなどを見ていきます。

　商圏内に存在する商業施設や店舗が公表するデータや、自社で独自に行なった消費者アンケートの結果などを加えて分析し、自社店舗が競合に打ち勝つことが可能か、投資採算性はどうかといった点をチェックして、出店の可否を判断します。

　店舗間競争を勝ち抜くには、まず地域によって商品の需要状況を把握しておかなければなりませんから、そのためのデータ分析が欠かせないのです。

　先にも紹介しましたが、1953年から実施されている家計調査データは、国民の家計収支の実態をつかむ貴重なデータで、都道府県庁所在地および大都市など、地域ごとに細分化された月別のデータがありますから、これを十分に活用してください。

核部門・核商品のローカライズを特に意識する

　地域で顧客の支持を勝ち取り、生き残るためには、扱い品目の高シェア獲得が求められます。そのためには商品ごとの需要状況をつかみ、店舗政策に生かしていかなければなりません。

　一番店とは、地域で最も高いシェア（＝消費者支持）を獲得してい

る店舗です。核部門や核商品——食品スーパーであれば鮮魚や精肉、総菜であり、カー用品専門店であればタイヤ、ホイール——は集客の要ですから、競合他社に負けられません。

負けないためには、地域の生活者の生活習慣や気質、あるいは気候条件などへの対応が不可欠で、店舗のハード、ソフト両面のローカライズが、店舗展開のキーになるのです。

海外展開するときは、ローカライズがとりわけ重要になります。小売業、飲食業でも日本企業の多くが海外進出していますが、残念ながら成功している企業は多くありません。日本でのやり方をそのまま海外に持ち込み、現地社員の活用や現地ニーズの収集が不十分であることに起因するケースが多いようです。

世界に通用する店舗と運営システムの開発にあたっては、ローカライズの視点で修正し高度化することを特に強く意識しておきたいものです。

■一番店づくりの前提は「セグメンテーション」「ターゲティング」「ポジショニング」

総花的で特徴のない店舗は、顧客に支持を得にくいものです。この商品を買うならあの店しかない、というイメージを顧客にもたれる店づくりを行なうべきです。

そのためには店舗コンセプトが明確になっていなければなりません。どんな考え方で、だれを対象に、何を、どのような売り方で提供するのかを明確にするのです。

店舗コンセプトをフォーマットに落とし込む

企業として成長していくためには店舗コンセプトをフォーマットに

落とし込み、多店舗展開が可能な標準化を行ないます。提供する価値が明確な店舗の標準形をつくるのです。

　多数の企業・店舗が参入し競争が激しくなると、少なくともその市場で上位3番以内に入らなければ利益確保が難しくなります。さらに競争が激化すると、最終的にはトップの企業しか利益を確保できなくなると考えていいでしょう。これはシェア理論でも明らかにされており、小売業・飲食業にもメーカーにもあてはまります。

　店舗ビジネスは、市場は拡大せず、競争は激化していく、そのなかで進めるのですから、一番店を構築できるノウハウを蓄積し、標準フォーマットをつくり、そのフォーマットにもとづいて多店舗化していくようにしなければなりません。

　顧客の求めるものや競合の状況はたえず変化していきます。一番店のポジションを維持していくには、業態やフォーマットの修正を重ねていくことが欠かせません。標準フォーマットの完成度を高めること、ビジネスを変革していくことは、チェーンストア理論とも合致します。

　独自の魅力と強みを磨き、顧客に提供する価値を高め、ほかの店舗との差別化を疎かにしてはなりません。

顧客・商品・サービスを絞り込む

　「セグメンテーション」とは、市場の細分化です。「ターゲティング」とは、顧客対象を細分化した市場に絞り込むことです。そして「ポジショニング」とは、ターゲットとする市場で際立つ存在となり、顧客から魅力的に見える独自の立ち位置を獲得していくことです。

　自社の強みを生かし、顧客にとって価値ある商品を揃えていくには、細分化した市場のなかのどこを狙うかを明確にしなければならない……米国の経営学者マイケル・ポーターが説く「競争優位戦略」にある、差別化戦略の考え方です。

マス・マーチャンダイジング・システムの構築を目指すチェーンストア理論では、マイケル・ポーターのコスト・リーダーシップ戦略を追求しており、取扱商品の価格の幅を狭め自社の売価の特徴を明確に打ち出していくこと、企業規模の拡大に応じて販売価格を戦略的に引き下げていくことを提示しています。重視するプライス・ポイント（自社の商品政策にもとづき店頭での取り扱い・陳列の量を多くしている価格）を中心に取扱商品のプライス・レンジを絞り込むことで、特徴を明確にしようというわけです。

　コスト・リーダーシップ戦略は先に行なった企業のほうが有利です。規模の小さな後発企業が追いつき追い越すのは容易ではありません。ネットの世界でAmazon、Google、あるいは楽天などが有利な戦いをしているのを見ても明らかです。後発企業が戦っていくには、顧客や

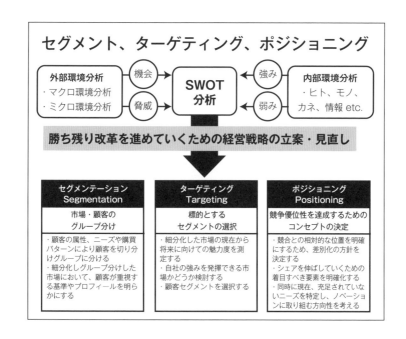

商品・サービスを絞り込むのが定石です。

何かで「一番」になることを目差す

　専門店や一番店理論による店づくりでは、マイケル・ポーターが語る差別化理論、特に差別化集中理論の発想で、商品政策面で特徴を打ち出し、独自性の高いビジネス展開を狙います。

　チェーンストアの店舗では価格を絞ることを優先しますが、一番店理論では、特定分野で上限価格と下限価格の幅を広くもつ、いわばピンからキリまでの品揃えで特徴を打ち出します。

　「規模の大きさ」（店舗数・売場面積）や「商品の量」で競合を圧倒し、シェアを拡大して業界トップもしくは2番手の売上高を誇るまでに至った企業の優位性は高いものとなります。売上高3位以降の企業は、規模ではなく「強烈な固有の長所」をもたなければ生き残れないでしょう。

　しかし売上高では三番手以下であっても、売上高以外の何かで一番の要素をもてば「利益率」では一番に立つことも可能になるはずです。

　近年、ニーズは多様化しているものの、店舗の同質化が進んでいますから、「売上高」や「会社の規模」で"一番"を目指すことは、最善の策ではなくなっています。規模の大きな量販店や百貨店が高収益を獲得していないのがいい例です。

　"何か"で一番になれない店舗の多店舗化は、特にこれからは難しいといえます。

　ネットではたえず商品や店舗についてレビューが書き込まれています。そして顧客の感想や評価は、またたく間に広がっていきます。評価情報があふれる時代に、評価の低い店舗を選んで来る顧客はいないでしょう。

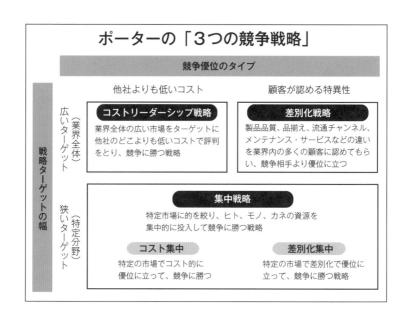

「商品」「売り方」「ブランド」のいずれかで一番になれる可能性を探る

　もちろん、いきなり一番店をつくりあげることはできませんが、一番店になることを目差すことです。商品、サービス、売り方、ブランドといった何かについて、"一番"の地位に立つことができる可能性をもつ店舗をつくる、そのためにポジショニングの決定が重要なのです。

　ポジショニングを明確にするためには、市場をセグメントするタテ軸、ヨコ軸の取り方がポイントになります。

　タテ軸、ヨコ軸は、市場や顧客、差別化の線引きをどこでどう行なうかによって設定されるからです。いろいろな切り方がありますが、代表的なものを以下に示しておきます。

　どこをどうとっても一番がない店舗は、顧客にとって魅力の乏しい

店です。利用する理由がないことになります。

　顧客に支持される一番店の多店舗化を実現するには、このセグメンテーション、ターゲティング、ポジショニングを考えてみてください。不振店対策や強力な競合店が出現したときの対策立案、店舗の勝ち残り策の検討を行なうときの課題整理にも役立つはずです。

　店舗事業は日々忙しいですから、本部も店舗もついつい忙しさに流されてしまいがちです。しかし一番店を多店舗化することを企業の目標とし、その仕組みづくりに取り組むことが、将来、勝ち残るためのキーになるはずです。

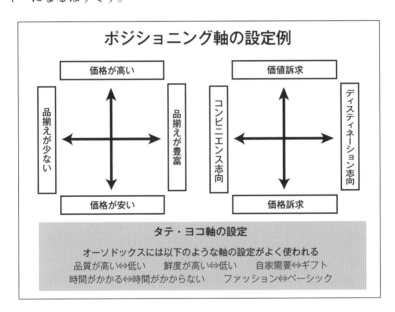

■標準と地域対応のウエイトバランス

　チェーンストア理論では3S主義の重要性が強調されます。

　3S主義とは、①標準化（Standardization）、②単純化

（Simplification）、③専門化または分業化（Specialization）のことです。これは、お値打ち価格で商品を提供する仕組みづくりの根幹になります。

最善の運営モデルをつくる

　ここでいう標準化は、店舗運営を最善のモデルに統一することです。

　特にオペレーション（作業）については、作業基準をつくっておけば、決められたことを決められたようにやればよくなり、しかもそれが当たり前にできるようになります。

　店舗の標準化は、店舗サイズや外装、内装、ゾーニング、レイアウト、什器などを標準化していくことですが、昨今はどこにでもあるような店舗は顧客に避けられます。特に飲食店は、それぞれの地域に個性的な店がたくさんありますから、地域ごとに店名を変えるなどチェーン店らしさを感じさせない店づくりに取り組まなければなりません。

　店舗デザインも、安っぽい素材を使った店には顧客が寄りつきません。専門店に負けないイメージの打ち出しが重要です。

品揃えにはローカライズの観点を

　品揃え、すなわちマーチャンダイジングの標準化は、部門別の戦略・方針を明確にした上で、消耗品や日用品などの補充発注型の店舗では棚割りを行ないます。

　商品の切り換えで売り場を動かすアパレル業界などでは、セットを商品投入前に企画設計し、売場での商品提案力を高めます。

　棚当たりの売上を最適化しようとする取り組みも見られがちですが、全店舗同パターンの商品投入で成果を出すのは容易ではありません。売り手側からすれば標準化した品揃えのほうが商品を集約化でき、コスト面でも有利になるでしょうが、顧客側に立てば地域の生活習慣

や嗜好に合わせた品揃えが求められます。店舗サイズや入店する施設のほかの売場との関係もありますから、店舗ごとの修正が必要になります。

　地方都市圏は企業が少ないこともあって、所得水準の低い地域が多いでしょう。所得は消費に直接影響しますから、大都市圏では売れる高額商品も地方ではそれほど売れないことは容易に想像できるはずです。

　さらに地方都市には、それぞれに生活習慣や文化が残っています。明治以前の幕藩体制時代の藩文化＝お国柄が、現在でも色濃く残っています。食品に関しては地場の生鮮品や、地域の小さな蔵でつくられてきた基礎調味料、伝統食品、日配商品などは長きにわたり人々の舌に馴染んできたものですから、その嗜好はなかなか変わりません。こういったものは、品揃えの標準化という発想ではなく、ローカライズの観点で配慮すべきでしょう。

　来店頻度の高い業態、フォーマットの場合は、いつも同じ場所に同じような商品が配置されたままだと販売効率は確実に落ちます。管理しやすく売りやすい合理的な売場をどうつくり上げるかということと、売場をエキサイティングに演出し鮮度感を保つこととをあわせて考えることになります。

　シェア理論やパレートの法則からすれば、25％程度の地域対応商品が望ましいと思われます。それくらいの比率の地域対応商品投入は、売場秩序を乱すことにはならないでしょう。

GMSでも地域対応が課題になっている

　GMSと称される総合量販店においても、地域対応が店舗活性化の重要課題になっています。

　GMSの場合、標準化して本部でセンターコントロールしてきた平

場と呼ばれる売場の面積ウェイトが高いのですが、この平場が特長に乏しく競争力を失ってしまっているのです。

　イオンモール、アリオなど大型商業施設内の専門店ゾーンは、平場ほど不振ではありません。GMSでも、食品売場は健闘している例が多いのは、食品については地域対応への意識が本部でも店舗でも高いことが大きな要因でしょう。

　しかし食品だけの地域対応では、GMS全体の活性化には限界があります。平場の抜本的な見直しなくしては店舗全体の活性化は望めません。カテゴリーキラーをも凌駕する高いレベルでの標準化に取り組むか、売場の各コーナーを地域一番化させ、それを集積した平場に大改革させるか、あるいはよりスペシャリティな部分を追求した専門コーナー化を図る、といった方法が考えられますが、いずれにしても業態開発部、商品部、店舗運営部などによる大幅な見直しが必要です。

　日本を代表する流通企業イオンは、2016年に入りイオンリテール運営の全350店舗のGMSを5年程度ですべて改装し、地域の客層や競合店の状況を踏まえながら店舗ごとの売場の専門性を高め、集客力を取り戻す「脱・総合」を進めることを発表しています。セブン＆アイ・ホールディングスも、傘下のコンビニエンスストアやスーパーなどで、2017年度までに地域の嗜好を反映した地域限定商品地域限定商品の比率を現在の1割から5割まで引き上げることを発表しています。

　画一的な品揃えで効率を追求する商品戦略を転換し、全国に商品調達や開発の担当者を配置し、消費者ニーズにきめ細かく対応していく計画です。

　ほかの大手量販店も、高度経済成長時代の消費生活を支えてきた頃の輝きはなく、標準化を主軸とする店舗数・店舗規模の拡大を見直さなければならなくなっています。

部分的な地域対応では「顧客を呼び込む店」はできない

　部分的に地域対応を行なっても、顧客の目には大きな変化には映らず、効果は限定的です。目先の変化ではなく、周囲には人気のカテゴリーキラーもあれば、したたかに生き残ってきた商店街や専門店、アウトレットも数多く存在しているのですから、いかにしてそれら競合店以上に価値ある存在にしていくか、そのシナリオが必要なのです。

　全国チェーンの大型店は、規模の大きさで中小の専門店や商店街を圧倒してきました。中途半端なシナリオで平場の変更を行なえば、競合店は規模の戦いから解放され、専門店同士の戦いになります。すると集客エンジンや核となる売場が不明確な大型店は、劣勢に立たされます。コンセプトを明確にし、魅力的な売場を構築しなければならない理由が理解いただけるでしょう。

　大型店は、標準化に取り組みつつも、地域対応、個店対応を進めなければ勝ち残れないという現実問題を抱えています。飲食業でも同様です。

　今後、多店舗化を進めていく上では、このような状況を理解し、新興企業や中堅企業でも本部と店舗、地域本部（地域担当）それぞれの役割を見直すことがますます重要になります。

　顧客から見て特徴の乏しい、わざわざ買い物に行く理由がない売場は、総合量販店以外の業態でも、競争力を持てません。ある程度の地域対応を進めるのは、生き残るために欠かせない手段です。店舗を市場から退場させないためには、地域一番店を狙う発想が重要なのです。

　質の高い店舗をつくっていくための答えは、大量生産・大量販売時代の思考の枠内でチェーンストア理論を理解しても、出てくるはずがないのですから。

■顧客との距離を短く

　店舗間競争の激化は、顧客の奪い合い競争とも表現できます。競争に打ち勝つには、顧客との距離を短くし、一度獲得した顧客を手離さない意識をもつことが重要です。
　「距離」には、「物理的な距離」と「心理的な距離」との二つがありますが、まず、「物理的距離」から考えてみましょう。

物理的距離は「時間」でとらえる
　通常、顧客は同等の店舗がある場合、近い店舗を選ぶものです。ファミリーユースの商品を扱う店舗は家から近いほうが、パーソナルユースの場合は家や駅、学校、オフィスから近いほうが、有利になります。
　遠い店舗は、"わざわざ行くための理由"がなければ、集客力は高まりません。ですから遠い店舗は、目的商品や専門商品、買い回り品、非日常性の高いサービスを扱います。最寄り品や日常性の高いサービスを求めるのに、近くの店舗を避けて、あえて遠いほうの店舗を選ぶことはまずないでしょう。
　顧客にとって店舗までの距離は、時間で換算されます。立地と商圏の関係でも重視されることですが、徒歩なら何分で行けるか、バイク・自転車だと何分か、電車や自動車では何分で行けるかと、無意識のうちに時間で考えます。
　最寄り品なら15分程度、買回り品だと1時間半～2時間程度（できれば1時間程度）で行ける店舗が利用されがちです。
　「物理的な距離」の面では、人口減・高齢化・商圏縮小が進む日本では、住宅地や都市部の駅前近くの人が、より行きやすい立地に出店していくことが重要です。

ビジネスホテルなどの場合は駅前や空港近く、高速道路の出入り口近く、幹線道路沿いなどに位置するほうが有利ですし、観光土産店なら観光地近くに出店するのが望ましいことになります。

近年人気の農産物直売所・ファーマーズマーケットなどの場合は注意が必要です。収穫したての農産物が中心商品ですから、畑や農家、農協に近い立地を考えがちですが、本来は顧客に近い場所のほうが望ましく、観光地や主要幹線道路、インターチェンジ、高速道路のサービスエリアなどに近いほうが繁盛しやすくなります。

どういう立地が顧客にとって"近くて便利な店"になるのか、研究する必要があります。食品スーパーの場合は、ドーナツ化現象が進む時代には都市近郊、サバーバン立地への出店が増加しましたが、人口が都市中心部に逆流しはじめる時代には、都市近郊にあるほうが便利な店になります。

心理的距離は「親近感」でとらえる

次に「心理的な距離」について考えてみましょう。ここでいう心理的な距離とは、敷居が低いということ。顧客の気持ちと店の気持ちが近く、親近感があるということです。

今風に表現すれば「ソーシャル化」でしょうか。IT(情報技術)やソーシャルメディア、スマートフォンなどの進化と普及にともない、それらが生活者と世の中を強力につないでいくようになりました。あらゆるモノやコトについて、さまざまな人たちの間で情報のやりとりが行なわれ、質が評価される時代になっています。

そういう時代にあっては、これまで以上に顧客の声に耳を傾け、自社の哲学や価値基準を積極的に訴求し、共感の得られる企業や店になっていくことが強く求められます。

ソーシャルネットワークを通じてのコミュニケーションが、顧客の

親近感や仲間意識を醸成し、購買・利用への期待感を向上させます。期待を超える感動体験を提供する店は、頻繁に利用してもらえるようになります。人気の店やブランドは、そうして生まれる時代です。

競合に左右されないビジネスを実現するには、高い共感と期待をもっていただけた顧客の高い共感と期待を裏切らないように店舗を変化・進化させなければならないでしょう。

たとえるなら芸能人とファン（ファンクラブ）のような関係です。顧客に、自分がこの店舗を支えている、この店舗こそが私の店だ、と思ってもらうのです。

下図は、マズローの欲求5段階説を広義にとらえ、主体を店舗・企業におきかえたものです。符合することが多いはずです。

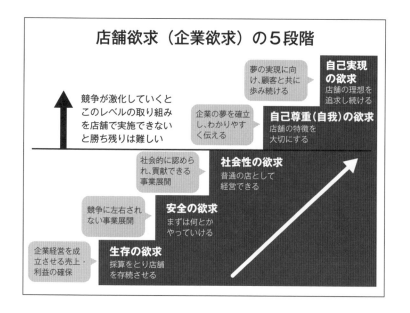

「顧客との距離」は「価格」以上に大きなテーマ

「顧客との距離」は、今後、「価格」以上に大きな研究テーマになると思われます。これをテーマに店舗経営を考えてみれば、新しい発想もたくさん生まれてくるはずです。たとえば待ちのビジネスを、攻めのビジネスに転換させていくことにもなるでしょう。

これを研究する店舗は、これまでと何も変えない、変えるつもりはないという店舗との間に大きな差を生むはずです。

「心理的距離」を縮めていくには、経営理念や哲学、経営方針を明確にし、店舗コンセプトをより明確にしていく必要があります。そしてそれを顧客に効果的に訴求していくことです。訴求力が弱いと、顧客との関係が疎遠になります。

「AIDMAの理論」と呼ばれる有名な広告（集客）理論を、店舗におきかえてみてください（下図参照）。ほかの店との違いを明確にする→コンセプトを明確にする→ブランド化を推進していく。これが顧

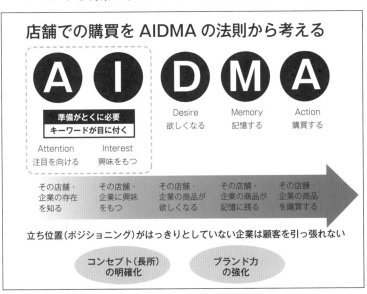

客との距離を縮めていくベースになります。

「ヒト」を主軸に、顧客が「心を許せる店」をつくる

　ネット通販では、購入までのクリック回数を減らす、一定金額以上の購入については送料を無料にするなど、さまざまな工夫が行なわれています。顧客との距離を縮めるための取り組みです。

　リアル店舗のビジネスは、ネット通販にくらべてコスト面では不利な部分が多いのですが、店舗があるからこそ実現できること、店舗で働く従業員がいるからこそ喜ばれることを工夫し、独自性を高め、差別化していくべきです。商品での差別化が難しくなってきているからこそ、店舗と人による差別化が大きな効果を発揮するはずです。

　時代が変わっても、どんなビジネスでも、基本は信頼とコミュニケーションです。店舗ビジネスとWEBビジネスとが共存するようになり、生活者がITによって企業と結ばれるオムニチャネルの時代になっても、その根幹は変わりません。

　リアルの世界でもネットの世界でも、口コミで高く評価される企業を目指すべきです。それが信頼につながります。

　どんな人も、馴染みの店、心を許せる店が大好きです。顧客の期待を超え、顧客に信頼される店をつくり、さらに店舗独自の魅力を磨き上げ、顧客満足とそれ以上の顧客歓喜（顧客の大喜び状態）を提供する店になれば、競合に負けることはないはずです。

　今後は、商品の量を主軸とするビジネスではなく、人が主軸となって商品やサービスを届ける店舗をつくり上げていく必要性がさらに高まります。

プロの店長育成が多店舗展開のカギになる

　きわめて競争が激しいホテル・旅館業界において、人中心の経営を

推進する星野リゾートのブランド力と企業力は高く評価されています。カフェ業界でも、スターバックスコーヒーの従業員が自らの仕事にプライドを持ち、笑顔が多いことはよく知られています。

　小売業・サービス業・飲食業は、今後さらにヒト中心の経営を行なう企業を軸に動いていくことは間違いありません。そしてヒト中心の経営は、従業員の育成について意識が高く、顧客満足・顧客歓喜への情熱を強く持っている店長を中心として進められていくことも間違いありません。

　真のプロの店長を育成し増やすことが、多店舗展開のカギになるのです。

　優秀な店長を、店舗展開のスピードに遅れることなく育成できるかどうか、店長育成の思想とプログラムを企業が持ち得ているかどうかです。

　常に顧客と従業員のことを第一優先で考え、従業員のやる気と人間的な魅力を引き出すことに力を注ぐことができる。そういう店長の育成に、時間がかかっても取り組むことです。

　プロの従業員は、マニュアルどおりの仕事しかできない人ではありません。プロの店長は企業の目標とビジョン、方針を理解し、わかりやすく従業員に伝えてプロ従業員の教育に取り組みます。そして競争に勝つための戦略を本部が指示する以上に仕上げ、好成績を残します。すなわち店舗に顧客を従わせるのではなく、主張は大切にしながらも顧客により近づいていき、顧客に喜んでもらえるように店舗を顧客に合わせていきます。

　そういう店長がいてこそ、多店舗展開が可能になることを胸に刻んでおいてください。

第**4**章

出店とフォーマット

出店するに際して「立地」はとても重要な要素の一つです。
また、出店後の店内での「立地」もとても大事なことをご存じでしょうか。
本章では、立地はもちろん店舗での立地や駐車場についてなど、成功へ導くためのポイントを解説してまいります。

■立地選定の基本

　店舗ビジネスにおいて、立地選定は事業そのものの成否に直結する重要事項です。戦略的に決めなければなりません。
　店舗はおいそれと移動できませんし、店舗への投資は店舗が生み出す収益から長期にわたって少しずつ回収されます。多額の資金が店舗に固定されるわけですから、店舗投資は慎重にならざるをえないものです。
　店舗ビジネスが不振に陥る原因のほとんどは立地選定のミスです。集客力に問題があるケースで、そもそもビジネスにふさわしくない立地に安易に出店してしまったか、出店後に人が集まらないエリアになってしまったかのいずれかでしょう。
　出店後の集客低下は、競合店の出現、都市や町の顧客吸引力低下、道路・交通機関・行政機関施設などトラフィック・ジェネレーター（後述）の変化によって人が集まらないエリアになったなどの理由があります。

立地は顧客の「行きやすさ」と「認知しやすさ」がポイントになる

　新規出店や既存店の不振対策を考えるときは、立地の調査・評価、診断を行ないましょう。
　立地を見るポイントは、大きく分けて二つあります。
　一つ目のポイントは、顧客が店舗に行きやすいか（日常行動線となる動線上に店舗があるか）です。もう一つは、店舗を認知しやすいか（認知性に問題ないか）です。
　日常行動線となる動線とは、「トラフィックジェネレーター（TG）」があるために発生する動線です。

TGは「交通発生源」といわれるもので、人が集中的に交差する、あたかも人が湧き出るような場所です。

　日常行動線となる動線は、TGによっていくつかに分類されます。

駅動線：駅と大型商業施設を結ぶ動線です。地域一番店と駅を結ぶ動線は最も人を集める、質の高い動線といえます。
購買動線：大型商業施設同士を結ぶ動線です。地域一番店と二番店を結ぶ動線、地域一番店と中心商店街を結ぶ動線も、質の高い有力動線です。
住宅動線・通勤動線：複数の交差点がTGである場合の動線です。
回遊動線：TGとなる大型商業施設が最低でも三つ以上ある場合に生まれる動線です。
駐車場動線：店舗と駐車場の間にできる動線です。

　TGに向かう動線に店舗があるかどうかで、集客に大きな違いが出ます。

認知性は、建物や樹木で視界が遮られないかもチェック

　認知性については、看板は店舗の10m手前から顧客の目に入るようにします。樹木や装飾品、他店の看板などによって視界が遮られないかどうかもチェックします。

　自動車で走行中のドライバーの中心視野は、100m先のごく限られた範囲になります。100m手前から視界を遮るものがないかどうかのチェックも必要です。

　地図やストリートビューなどによる簡易確認では不十分です。樹木の茂り具合や新しい建物の有無など、現地でリアルな状況を確認します。道路の通行状況や渋滞状況など、ドライビングテストも含めてチェックすべきです。

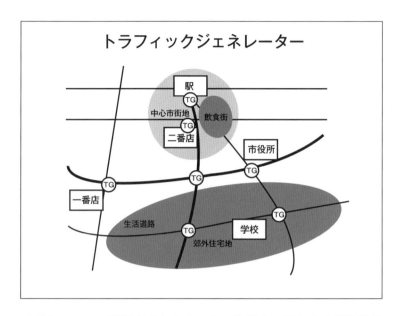

　店舗について、顧客が入りやすいか、快適かつ楽しめる建物構造になっているかのチェックも欠かせません。

　小売店は、店舗の規模とアプローチ（間口）の広さがとても重要な要素になります。アプローチが狭いと、何の店かわかりにくく、心理的にも入りづらさを増幅させます。入りやすさに課題を感じたら、看板を大きくして目立たせる、のぼりを立てるなどして、顧客が入りやすい店づくりを工夫する必要があります。

ショッピングセンターへの出店時に見る立地特性

　ショッピングセンターにテナントとして出店する場合、ショッピングセンターそのものの立地特性を理解した上で、出店するかどうかを判断すべきです。

・核テナントが引っ張ってくる客層が自店の顧客ターゲットと合致して

いるか。
・ショッピングセンターのブランドやコンセプトと、自店のコンセプトやフォーマットが合致しているか。

　核店舗はショッピングセンターのコンセプトに大きな影響を持ちますから、ショッピングセンターと核テナントのコンセプトが合致していないようなら、出店は検討の余地ありです。

　近年は競争に敗れた古いショッピングセンターが、無理やりリニューアルした物件も少なくありません。そういう場合は、テナントとの調和に違和感が生じがちです。まず、ショッピングセンターの特性と状況をしっかりと把握しましょう。

トラフィックジェネレーターになりえるもの

インターチェンジ
大型交差点
大きな橋のたもと
駅
大規模小売店（百貨店、量販店、ファンションビルなど）
商店街
バスターミナル
娯楽施設、遊園地など

ショッピングセンター内の客の流れにも留意

　ショッピングセンター内の、客の流れの把握も重要です。

　まず、平日と土日の客数・客層、時間帯別客数などをチェックします。さらにフロア別の客数指数やフロア内の回遊性もチェックします。

　ショッピングセンター内にも人の流れがあり、テナントゾーンすべてが同じ条件にはなりません。ブランド力の高い大型ショッピングセンターでも、人の流れが悪い立地があります。できるだけ好立地を見極め、獲得するようにします。

　競合するテナントのチェックも必要です。ショッピングセンターでは通常、契約時にテナントの取扱品目を定めるため、入居後に競合を回避しようと商品構成の修正を図っても、なかなか自由にできないからです。また、賃料の比率が高すぎると経営が圧迫されます。粗利に占める賃料の比率は、25％以内を目指さなければ利益獲得が困難になりがちです。

ショッピングセンター内の好立地

出入り口（1階正面入り口前は最高に客数が確保できる好立地）
駐車場からの入り口
エスカレーター前、エスカレーターまわり、エレベーター前
エスカレーターの上がった場所、下がった場所
食品ゾーンのチェックアウトレジ前　　など

勝ちパターンを確立する

　多店舗展開を目指す企業は、出店にあたって自社の勝ちパターンを確立する必要があります。立地、店舗条件、商圏特性、競合のチェックとともに、どのような水準以上の立地を欲するのか、逆にどのような水準以下だと出店を見送るのかという基準を明確にしておくのです。

　成功事例、失敗事例を研究し、自社独自の判断基準を明確にした上で、立地診断マニュアル・システムを構築していきます。

　立地診断システムは、マクロ立地評価ポイントとミクロ立地評価ポイントから、下記のような項目を中心に設計するとよいでしょう。

■商圏理解と地域変数活用

　「小売業は立地商売」といわれるくらい、立地選択が成否のカギを握っています。

　店舗は、①自力でお客様を集めるか、②お客様がたくさん集まる立地に出店するか、のどちらかを考えてつくり上げなければなりません。

　不振店は、①出店時の立地および商圏設定を失敗している、②競合店出現による商圏の狭小化や商圏人口の縮小により売上が損益分岐点をクリアできなくなってきている、この①か②に起因しているケースがほとんどです。

商圏人口をつかむ

　まず、商圏人口を把握します。商圏人口がつかめなければ、目標とする売上高の獲得が可能かどうか、出店計画の可否を判断することは困難です。

　多店舗展開を実現している企業はたいてい、よい立地を取得するために店舗開発部と呼ばれるセクションを設置しています。また、店舗

開発のコンサルタントや、店舗開発を専門とする企業に依頼して、物件情報を集めています。そして出店候補地が出たなら、立地を調査し売上予測を行なって、判断を下します。

　GIS（Geographic Information System：地理情報システム）をベースとする独自のシステムを開発し、立地判断、商圏分析を実施している企業も多くあります。

　商圏とは、店舗の影響が及ぶ地理的範囲のことで、顧客が日常的に来店可能な範囲をいうものです。

　地域の商圏は、生活者の日常的な行動（たとえば駅や繁華街の利用）範囲「生活圏」によって形成されます。

　郊外型やロードサイド店舗の商圏は、地理的要因と交通アクセスで決まります。車などの主要交通手段による時間距離と、川や山、公園、幹線道路などの有無による心理的な距離感によります。

　大きな河川や山、丘陵、二重車線の道路（中央分離帯の有無）などがあると人の流れが分断され、その外側からの来店客が減少します。この商圏の分断要因についても、地図によるだけでなく、現地を実査することが欠かせません。

　商圏範囲がある程度限定された中に競合店が存在していれば、当然のことながら商圏を分け合うことになり、商圏人口は縮小します。

「小売引力の法則」を参考に

　日本の場合、狭い国土内に都市が近接しており、店舗も密な状態で存在するため都市間吸引力（大都市が小都市の顧客を吸引する力）や店舗の吸引力（大型の店舗が中小型の店舗を吸引する力）も働き、地図上に円を描くように商圏を決めるわけにはいきません。吸引力は店舗の知名度やマーチャンダイジングの質（品揃えや価格などによる競争力）によって変わります。それらが同等の場合は、規模、距

吸引力の法則は万有引力の法則と類似した考え方

ライリーの法則

人口の面（規模の面）から考えると都市Aの吸引力は都市Cより高い

距離の面から考えると都市Cの吸引力は都市Aより高い

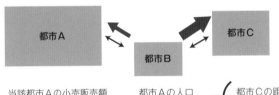

$$\frac{当該都市Aの小売販売額}{都市Cの販売額} = \frac{都市Aの人口}{都市Cの人口} \times \left(\frac{都市Cの距離}{都市Aの距離}\right)^2$$

ライリーの法則やハフモデルはいくつかの選択可能な都市や商業施設のなかから、ある特定の都市、商業施設を選択して買い物に行く確率を求めたものと言える。大きな都市、大きな商業施設街のほうが魅力が大きく、また距離は近いほうに行く傾向が高いと言える。

トンプソン指数（トンプソンの便宜性指数）

衣食住にわたる多種類の商品を取り扱う。販売促進、サービス向上、会計合理化等の目的で経営組織を部門化。それらが一企業体として総合的に運営されている大規模な小売店舗。一般的には高級品、買い回りの品揃えが充実している

$$便宜性指数 = \frac{当該都市Aの小売販売額}{当該都市Aの居住人口} \div \frac{当該都市Aが属する都道府県B全体の小売販売額}{当該都市Aが属する都道府県B全体の居住人口}$$

第4章 出店とフォーマット

離、人口などによって決まると考えていいでしょう。

　代表的な理論としては、ライリーの法則、コンバースの法則、ハフモデル、トンプソンの便宜性指数などがあります。

　ライリーの法則の考え方では、「ある地域から二つの都市 A、B へ流れる購買力の比は A と B の人口に比例し、その地域から A と B への距離の自乗に反比例する」と表現され、ニュートンの万有引力の法則に類似していることから「小売引力の法則」と呼ばれています。

　このような計算式は実際には使えない、という批判もあるでしょうが、それは先に述べたコンセプトの強さやマーチャンダイジングの質を掛け合わせてみることができていないからでしょう。「人口に比例し距離の自乗に反比例する」「売場面積の合計に比例し距離の自乗に反比例する」という考え方は、経験則から見ても参考にすべき有効性の高い考え方です。

商圏の設定手順
　商圏の設定手順は、次のようになるでしょう。

①都市の吸引力・商業施設への出向率など人の大きな流れをつかむ。
②時間距離を念頭に自店の出店立地からの商圏範囲を仮設定する。
③商圏の分断要因と競合店の調査を行なう。
④競合店調査により自店の競争優位性・店舗の魅力度＝店舗の吸引力
　を測定し、最終的な商圏を確定する。

　①の顧客の流れの分析については、地域商業や中心市街地活性化の参考にするため商工会議所や商工会などが「買物動向調査」を実施している地域も多いので、これらを参考にするといいでしょう。

　なお、商圏設定にあたっては、どうしても商圏の範囲を広く取りた

くなる心理が働きがちです。注意してください。

　店舗の売上高は、店舗からの距離が近い範囲に居住する顧客による割合が高くなるのが普通です。ドミナント戦略の思想と同様、商圏範囲を広く取りシェアが低い店舗よりも、商圏範囲を狭く取りシェアが高い店舗のほうが競争力は高く、経費率が低くなるため、利益水準は高くなるのです。

　人口減少が進むだけに、商圏範囲を広く取るよりも、狭くしても成立する店舗を計画するほうが戦略的です。商圏範囲はシェア獲得という目標とともに考えるべきものであることを忘れてはなりません。

　出店に向けて行なうべき商圏診断は、以上のとおり先に店舗の成立条件、必要商圏人口を明確にし、標準フォーマットを確立します。それによって投資コストを抑制した開発とローコスト運営が可能になります。

地域変数を加味して出店の可否を判断する

　チェーンストア展開の基本として、上記のことが多数の企業で実践されてきたのですが、2010年以降、金太郎飴型の標準化された店舗の出店は難しくなっています。総合型チェーンストアは不振が顕著で大量閉店時代を迎え、これまでの店舗をどうするか、これからの出店はどうするかという転機にきています。

　われわれ船井総合研究所は、出店エリアの商圏に合わせてローカライズを行ない、地域一番店となれる形を取って多店舗展開をするしかないと考えています。つまり一番店の多店舗展開時代は変わったと見ているのです。

　店舗が少なく競争がゆるい時代には、標準化された特徴が希薄な店舗であっても、スピーディーに多店舗化すればそれなりに利益を上げることができました。しかし類似の店舗が増えすぎた今は、地域特性

や競合状況に応じた競争力の高い地域一番店を出店するしか手がない状況になっています。

　そこでまずは地域変数に応じてフォーマットを調整した店舗を第一段階として準備する必要があります。人口動態、消費支出の実態に合わせて商圏内の総消費需要額とその将来動向を正確に推計し、そのなかで高シェアを獲得できるようにして出店を計画することが肝心なのです。商圏内人口をベースに売上予測を行なうのではなく、地域変数を加味して出店の可否を判断すべきです。

　次に商品部門別、取扱品種別に競合店と自店舗の関係を明らかにし、主力部門に関しては確実に地域一番店となれるように目標シェアを設定します。競争優位性のあるマーチャンダイジングへの調整を行なうのです。

商圏の現状をつかみ、状況に応じたローカライズを行なう

　自社フォーマットが圧倒的な競争力をもち、ダントツの一番化を実現できるならば調整を要しませんが、そういう力をもっているのは、①世界的な名声を確立したラグジュアリー型トップブランド企業、②SPA型製造販売企業、ストアブランド比率が高い企業、六次化推進企業の一部に限られるでしょう。きわめて優位性の高いマーチャンダイジングが組める企業です。それ以外の企業は、店舗コンセプトを明確にし、地域と競合店への対応をリージョン、エリア、店舗で行なうのが、これからの多店舗展開の正攻法となっていくでしょう。

　多店舗化を海外まで広げるときも、同様の発想が必要になります。地域変数を理解せずローカライズを行なわないまま、国内フォーマットをそのまま海外に持って行っても成功は困難です。フォーマットをそのまま日本に持ち込んだ海外企業の多くが成功していないのは見てのとおりです。日本国内での成功フォーマットを海外に持ち出したの

では、日系の百貨店や商業施設内、日本人居住エリア以外での展開は難しいはずです。

　出店地域の商圏に合わせたローカライズが多店舗化の成功条件となっているのです。

　地域一番店となる品揃えを考えた支店経営型店づくり……それが進化した新しい標準化なのです。

　これまでのチェーンストア理論をベースにした多店舗化は、マーチャンダイジングとオペレーションの標準化を重視した仕組みで利益獲得を設計していました。それに対し、今ここで述べている一番店の多店舗化は、店長・ストアマネージャーの意識、顧客満足・顧客歓喜、従業員の育成と働きがいまでを標準化し、店舗単位で顧客との関係性を強化し支持率アップを図り、店舗単位で利益獲得を設計する発想です。

　今後はグローバルでもグローカルやローカルでも、競争環境は厳しくなります。商品だけでなく、ヒトの活性化、ヒトによる差別化をベースに、競争優位性の高い店舗づくりを行なわなければなりません。商圏の現状を正確につかみ、未来を予測し、実際の競争状況に合わせた修正を行なう手法の確立が重要なのです。

■顧客利便性を意識したフォーマット

　よい立地を押さえ高い競争力を持つ店舗を開発するには、適正な商圏設定とともに商圏の階層レベルに合わせたフォーマット展開が必要となります。

　マーチャンダイジングや仕入れ・調達の能力がいくら高くても、商圏人口が少ない地域では投資過剰の非効率な店になってしまいます。逆に商圏人口が多い地域では、顧客の期待を満たすマーチャンダイジ

ングや仕入れ・調達能力を獲得しなければなりません。

　船井総合研究所では、立地の階層性とマズローの欲求5段階論をマッチさせるには、商圏人口別のマーチャンダイジングがよいと考えています。

商圏人口ごとの店舗フォーマットを複数開発する

　基本的には、大商圏立地の店舗ほど生活提案型（ライフスタイルアソートメント）商品を中心に品揃えし、小商圏型立地の店舗は普段使い商品を中心に品揃えをします。

　商圏人口が大きくなり商圏階層のレベルが上がるほど、買回り品や特殊な商品を買い求める顧客がやってきます。取扱商品の上限価格帯も上がっていきます。

　商圏人口が小さくなり商圏階層のレベルが下がれば、コモディティ商品を中心に据えなければなりません。上限価格帯は低くなり、高額商品は売れにくくなります。

　人は特別なものなら遠くまで買いに行きますが、普段使いの商品、生活必需品（高頻度品）はできるだけ近くの店で買いたいと思うものです。

　商圏の階層性すなわち商圏規模・商圏人口の変化は、顧客の買い物の仕方と、店舗の売り方に変化をもたらします。多店舗展開するには、標準フォーマットで規定した商圏人口、成立条件に見合う商圏階層性をもつ立地に横展開で出店していくか、商圏階層性ごとに調整した店舗にしていくかの方向性を定めなければなりません。

　店舗開発部と商品部が中心になって店舗ごとにフォーマットを修正していく方法もありますが、基本的には商圏規模・商圏人口ごとの業態、店舗フォーマットを複数開発していくのが望ましいでしょう。

商圏人口が7万人を切ったらリモデルしていく

　日本では1970年代から1980年代初期にかけてのショッピングセンター開設時代には、7万人クラスの商圏人口をもつCSC型の総合型商業施設が開設されました。

　その後、大店法の規制緩和、超大型店の出店が続き、このクラスの商業施設や市街地商店街が草刈り場といってもよい状態になり、商店街は空き店舗比率が高まり、店舗年齢が高い小規模の商業施設は客数ダウンが著しくなりました。

　こうなると「力を合わせて頑張ろう！」といった姿勢だけでは問題は解決できません。開店時の"生活の豊かさへの提案"を行なうポジションから、"普段、安全に生活する"ための商品を求めるお客様に対応すべきポジションに変わってしまったからです。

　旧来の品揃えのままではいくら頑張っても苦戦が続くことは明らかで、復活するには商圏の実態に合わせて施設全体の商品構成やテナント構成を見直すことが必要になります。デベロッパーが退店スペースの穴埋めを場当たり的に続けても、お客様の利便性向上に応えることは困難です。

　商圏人口が7万人を切った場合は、近隣型商業施設としての立ち位置を明確にし、リモデルしていくのが正しい方向性です。テナント構成も縮小した商圏人口に合わせて変えていかなければなりません。品揃えについては、食品を中心に普段の生活を支える商品構成にするべきです。施設の運営も、毎日の買い物客を大切にする平日中心型に転換させていきます。

　このような根本からの修正がない限り、顧客に選ばれない中途半端な商業施設となってしまいます。

商店街活性化には商圏対応の店舗開発が求められる

　商圏階層性が高くライバルが少なかった百貨店も、地方百貨店では50万人以上、都市型百貨店では100万人～130万人の商圏人口が必要とされますから、もともと出店立地が限られていたのですが、RSC、SRSCと呼ばれる大型商業施設、都市型ファッションビル、大型駅ビル商業施設などが百貨店業態をキャッチアップすることとなり、構造的に苦戦が続くことになりました。

　百貨店業態が売上を拡大していくにはマーチャンダイジングの革新が強く求められますが、同時にファッション＋化粧品、紳士服、スポーツ、銘店食品、家具インテリアなどのカテゴリーを切り出して充実させ、百貨店プロデュースの専門館を出店していくなどの業態革新がさらに求められるでしょう。

　開設時から計画的な商品ミックス、テナントミックスが実施される商業施設にくらべて、自然発生的に店舗が集まった商店街の活性化はさらに難しいものになります。

　主な理由は、核店舗や駐車場不足などによるアクセスの悪さです。なかには職住一致型のコンセプト型テナントミックスで活性化を図った高松市丸亀町商店街のような成功事例もありますが、生活者にとっての利便性の悪さを解決できていないところがまだ多いのが現状です。

　旧中心市街地では、商店街の衰退により、生活者が求める商品が1か所でまかなえない状態も多く発生しており、SMやコンビニエンスストア展開企業による小商圏対応型の店舗が開発されるようになっています。今後の高齢化を見据えて、7万人以下（特に3万人以下）の商圏に対応する店舗開発に、より注目が集まっていくでしょう。

商圏階層によって異なる顧客ニーズを満たす

　商圏階層≒買い物時間ごとに、生活者のニーズは変わります。商圏

階層にマッチしたコンセプトやマーチャンダイジングを追求することが、生活者の買い物ストレスを軽減し、満足度を高める必要条件になっています。

　商業施設のテナントゾーンへの出店は、商圏人口とその商業施設のポジションを確認し、品揃えと売り方を施設全体のコンセプトと合致させることが繁盛店に至る基本になります。

　商圏人口が大きい立地は不動産コストが高くなります。不動産コストと人件費は、店舗ビジネスの大きなハードルですが、一等の立地では販促費の比率は低くなります。一等立地は集客可能性が高く、二等立地では自力で販促を行ない集客しなければならないからです。立地は販促費ととらえる視点も重要です。このような視点からも収支モデルを考えてください。

　商圏階層の大きい商業施設でのマーチャンダイジングでは、品揃え

商圏の階層性とMDの方向性

	成立商圏	販売形式	販売に適した業態	差別化の切り口
340万人	広域大商圏	暖簾・稀少訴求	百貨店・専門店	稀少品限定販売による差別化
180万人	広域大商圏～大商圏	固定客		ロイヤリティによる差別化（客の限定）
50万人	広域大商圏～大商圏	訪問・説明		客の差別化（売り方の差別化）／店の差別化
18万人	大商圏～中商圏	接客・アテンド		品揃えの差別化
7万人	中商圏	セルフ	量販店	安さ感と品揃えのバランス ↓
3万人	小商圏		CVS	
1万人	狭域小商圏	セルフ・無人	自販機	立地と利便性の差別化 ↓

を絞り込み販売数量を大きくするようにします。同じ商品の補給に問題がある場合は、番地管理に近いトコロテン型と呼ばれる商品補給もいいでしょう。ただし商品やカセットを切り替えても、基本の品揃えは崩さないようにします。

そうすれば顧客来店時に希望商品もしくはそれに近い商品が存在しないという事態は解消できます。

都心では店舗が狭くても高効率になるフォーマットや収益構造が求められます。

地方部や小商圏型店舗では顧客が求める商品をきっちりと品揃えし、需要にきめ細かく対応していきます。

都心の大商圏で店舗展開する企業が地方の中小圏、小商圏に出店する場合も、その逆の場合も、取扱商品の価格帯を見直すべきです。仕入先の変更も含めた対応をしなければ、顧客の利便性や満足度の向上は実現できないでしょう。

ライフスタイル提案型の企業は、一部の超有名ブランドを除けば、百貨店内の店舗では提案するスタイルを表現するに足る店舗を確保できないでしょう。サバーバンと呼ばれる都市近郊の商業施設内もしくは隣接地に広い店舗を確保し、品揃えの深さを示す"コンセプトショップ"とするのが現実的です。

百貨店や駅ビルに出店する場合は、格別の不動産条件でない限り、提案スタイルを切り出して提示する店舗とするほうが、出店戦略上の混乱を生じさせないものと思われます。

■駐車場、駐輪場から始まるゾーニングとレイアウト

ゾーニングとは都市計画などで、地域を用途や機能別に区画することをいいますが、店舗においては、用途・機能別に売場構成を考え、

商品配列、客の流れ、作業動作などが効率よくつながるように配置することを指し、広義には敷地内に駐車場や外売場、店舗を配置することを意味します。

レイアウトは、店舗や設備・什器などを配置するハードレイアウトと、商品を配置するソフトレイアウトに大別されます。

いずれのレイアウトも消費者の購買心理・購買行動を理解し、それに合わせた配置がポイントになります。レイアウトがよくないと、顧客にとって商品を探しにくく買い物がしにくい店になってしまいます。結果として売上も伸びません。

駐車・駐輪台数によって売上が決まる

ハードレイアウトで最も重要なのは、建物配置と駐車場・駐輪場の配置です。特に駐車場・駐輪場は、「台数によって売上高が決まる」

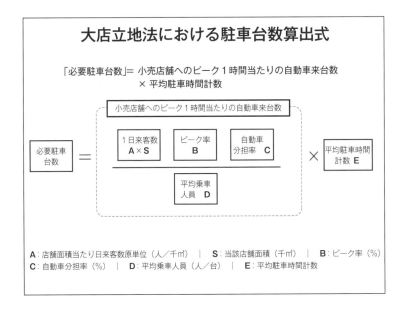

といわれるほど収益に関係します。いくら立地のよい場所へ出店しても、駐車場・駐輪場が不足すれば来店客数は増えず、売上は頭打ちになってしまいます。駅前店舗など駐車場を必要としない店舗を除けば、来店手段を予測し適正な台数のスペースを確保してください。

なお、自動車1台当たりの駐車スペースは7坪～10坪になります。小売業では売場面積3～5坪当たり1台、飲食業では1テーブルに1台（席数÷2～3）必要といわれます。

大規模小売店舗立地法（大店立地法）の算出式を参考にするのもいいでしょう。この法律により、商業立地で店舗面積3,000㎡以下のGMS・食品専門スーパーの必要駐輪台数を試算すると、店舗面積約35㎡につき1台となります。地域の実情や既存類似店のデータなども調べ、適正台数を算出してください。

顧客用駐車場は店舗の前に、搬入用は店舗の裏側に

店舗の建物は、敷地の奥側にシンプルな矩形を配置するのが基本です。そして店舗の前に顧客用の駐車場・駐輪場を設けます。搬入用トラックの駐車場は、店舗の裏側です。

顧客は駐車後あまり歩かずにすむようにしたい、雨に濡れたくないと、入り口に近い場所に自動車・バイク・自転車を停めます。大型店の場合、平面駐車場、立体駐車場や屋上駐車場と、複数の場所を設けていますが、小型店の場合はできるだけ立体駐車場や屋上駐車場は避け、店舗前に平面駐車場を確保するようにします。そして顧客の自動車の動線や駐車後に店舗まで歩く動線が、搬入用トラックの動線と交差しないように配置します。

運転に不慣れな女性や高齢者の出入りが容易になるよう、スペース1台ごとの線引きも重要です。

店舗の建物は可能な限り正方形にしましょう。店内の動線が短くな

り、歩きやすい店舗になります。

　道路面に対しては平行に配置します。縦横の長さが変わる矩形の場合は、長い辺を道路側に面して配置します。店舗の間口を道路面に対して広く取るほうが店舗の存在感が向上し、視認性も高まり顧客の立ち寄り率も高まります。縦横どちらにでも配置できる場合は鰻の寝床のように間口が狭く奥に長い店舗は避けるべきです。

ゾーニングが顧客の購買を引き上げる

　ゾーニングは、そこがどういう機能を持つ場所なのか、何の売場なのか、わかりやすく区分することです。顧客の心理や動作を理解し、歩きやすく、立ち寄りたくなる配置を心がけます。店舗内ゾーニングは顧客の購買を最大限に引き上げるための計画であるという意識が重要です。

　店内に死角をなくせば、売場面積を広げることになり、また、すべての売場を回遊してもらいやすくなります。商業施設の設計経験が少ないデザイナーが時として不要な装飾物などを配置することもあります。要注意です。商業施設で優先されるのは、顧客が疲れを感じず、くまなく売場を歩ける回遊性の高さです。滞留時間が長くなり購買金額が高まりやすくなります。大型店の売上不振要因には、回遊性の悪さ、滞留時間の短さにある場合も多いのです。

　売場を回ることを構造的に妨げないこと、売場を回りたくなる魅力的なつながりをつくることも意識しましょう。主通路とサブ（副）通路の区分を明確にし、主通路からサブ通路に誘導するようにします。

　店舗では販売スペース30〜40％、通路スペース45〜60％、管理サービスのスペース10〜15％とするのが一般的です。販売スペースを最大限活用するために通路、管理サービスのスペースを効果的に配置しなければなりません。

顧客が店内をくまなく歩き回れるように

　奥まで顧客を誘導する設計も大事です。いくら店舗が広くても、奥まで見てもらえなければ意味がありません。店内の見通しをよくし、店頭から奥が見通せる、店内でも隅々まで見通せるよう工夫します。フォーカルウォールと呼ばれる"目立つ壁"を配置し、アピール力を高めるのもよいでしょう。

　顧客が店内をくまなく歩き滞留時間が長くなればなるほど、売上が上昇する確率が高まります。見せるべきものは一つひとつの商品ではありません。商品編成を戦略的に打ち出すようにします。

　商品編成の構造（顧客への商品提示の優先度）は、訴求してはじめて効果が出るものです。売場の区分・区切り、陳列方法、配列方法、POPなどで、総力をあげて顧客提案をしていくことです。

　核店舗や主力部門、伸びている部門、他社との違いをアピールできる独自部門は主通路沿いに配置します。

　店内のハードレイアウトではまずレジの位置を決め、売場内通路、什器の配置を考えます。このとき、顧客の動線と従業員導線が交差することがないように配置するのが基本です。ストックヤードや作業場から売場への従業員導線は、短いほうが効率的です。

　ソフトレイアウトすなわち商品レイアウトで重要なのは、①全商品の露出、②売上に見合ったスペース割付けです。

　商品すべてが顧客の目に触れるように配置することが売上づくりの基本ですが、実際の店舗では顧客に見えにくい場所が発生しがちです。注意してください。

　スペース割付けは、売れる商品の売場面積を大きくするのが基本になります。ただし売上効率が悪くても戦略的に売場を広く確保することもあります。それが店舗の独自性、品揃えの深さ（デプス）につな

がっていきます。店舗の売上高構成比と売場面積構成比を比較しながら検討してください。

粗利高 − 総計費＝純利益の関係を理解し、それぞれの商品の売場は何坪が適正かのチェックも行ないましょう。

売場区分で特徴を打ち出す

マーチャンダイジングの特徴や商品編成をどう打ち出すかは、コンセプトの表現、差別化の要素になります。ショップ・ディレクトリーよりもさらに細かく、部門、品種、カテゴリー、品目などまで落とし込んでレイアウトします。WEBサイトのサイトマップのようなものです。

店舗はしばしば「分類に始まり分類に終わる」といわれます。顧客の生活スタイルやニーズの変化に合わせた、提案性のあるアソートメント（品揃え）を組み上げ、それを視覚的に打ち出すことによって顧客を引き付けるのです。

店舗は複数のテナント、部門、品種で構成されています。それぞれの売場が品揃えの豊富さを感じさせ、競合店舗よりも魅力的に見えなければ顧客を引き付けることはできません。売場づくりは店舗コンセプトを明確化させながら、自社の個性や強みが効果的に表現できるように、主力部門、主力商品、独自部門、独自商品を戦略的にゾーニング、レイアウトするものであることを銘記しておいてください。

不振店の多くで目につくのは、売場区分けがはっきりしない、どこも同じような売場で変化がない、あるいは乱雑に入り混じった印象です。レイアウトしだいで業績が大きく変化するのです。

飲食業は座席スペースと座席数のバランスに留意

飲食業の収支は、1日の総客数＝総席数×座席の回転率から見込む

ことができます。駐車台数、何人連れの来店客が多いかという観点から、座席スペースと座席数を割り出し、厨房スペースとの割付けバランスを取ってください。

商品構成はメニューによって表現されます。メニュー表のスペース配分や商品表現、さらには店頭の食品サンプルなどよって、目標とする売上高構成が実現できるように工夫します。飲食業では出店する物件の確保が中心となり、レイアウトマン不在という企業が多いため、店舗の設計・施工は外部業者に委託するのが一般的です。商品部や販促部が、商圏特性や立地に合わせた理想の売上づくりの役割を担うことになるでしょう。レイアウトの勉強に励んでください。

■ワクワクさせるストーリー

店舗のオーバーフローが続いているだけに、顧客を引き付ける力を高めることが大きな課題になっています。ポイントは、顧客に自店の魅力を伝えたとき、ワクワクしてもらえるかどうかです。顧客に共感してもらえる店舗コンセプトを視覚面から伝える顧客誘導手法が望まれます。

ストーリーに沿った売場配置を工夫する

具体的には、こういうふうに商品の魅力を伝え、ここでこう感じて買っていただこうというストーリーをつくり、ストーリーに沿った流れで売場を配置するのです。メリハリのない流れでは商品を見てもらえません。核店舗やマグネットといわれる（磁石のように顧客を吸引する魅力がある）売場をコーナーやエンド部分などに配置し、顧客を引き付ける売場設計が大事です。

多店舗展開を目指す企業では、売場ごとの棚割り、フェイシング指

示書、カセット計画と呼ばれる売場指示書（商品陳列指示書）を本部で作成し、配布することが多いでしょう。指示書では、顧客に売場の魅力が伝わるようキーアイテムを中心に商品の陳列、配列や、装飾物、POPなどの使い方が示されます。購買頻度の高い商品を扱う業態の多くでは、52週の週別あるいは隔週ごとの指示書が作成されます。現場でゼロから商品の陳列場所や配置、POPの扱いまでを設計すると非常に手間がかかりますし、担当者の技能レベルによって売場の質も変わってしまいますから、指示書の効用は大きいものです。

けれど、指示書だけでは売場の一貫性を保つことが難しい上、お客様目線での魅力づくりに不備が生じがちです。

そこで重要になるのが、VMDすなわち「ビジュアル（見てわかる）マーチャンダイジング」、視覚面から訴求できるよう総合的に演出する概念です。利用可能な空間すべてを効果的に使い、販売促進効果を高めることを目的とします。

品揃えを視覚に訴求する

VMDの中核には、競合店以上に魅力を訴求できるマーチャンダイジングを据えます。商品編成や棚割り、フェイシングを目にしただけで顧客は売場コンセプトや商品陳列体系を瞬時に理解し、スムーズに商品を選び、自由に組み合わせることができるようにしておきます。VMDは店舗戦略、商品計画、販売までを、一貫した考えのもとに遂行させるマーチャンダイジングのシステムなのです。

「うちはVMDを実践している」という企業も少なくないでしょうが、そのVMDはすでにできあがった商品や仕入れた商品を「再編集」する運用になっていないでしょうか。いわば後づけです。

後づけでは、VMD本来の効力を100％発揮させ、顧客をワクワクさせることは不可能です。

VMDは、①フェイシング（Facing）・棚割り、②VP、店舗環境のデザインをトータルに事前設計し運用するものです。売り手側の品揃えの意図を顧客に伝え、それによって購入につながる状態をつくり出し、生産性向上につなげるものです。売場と商品をデジタル的に結びつけ番地管理していくことで、売場計画の精度を高め、販売量や陳列量の適正化を進めることにもなります。

　VMDの中核たるマーチャンダイジングは、「マーケティング目標の実現に最も役立つように、特定の商品・サービスを適正な場所・時期・価格・数量で市場に出すための計画と管理」でなければなりません。そうあってこそ、ストア・コンセプトと商品コンセプトが調和を取ってコーディネートされ、店舗のビジュアル・コミュニケーションにも一貫性が生まれ、ブランディング化にもつながります。

　VMDはディスプレイやVP（ビジュアルプレゼンテーション）と混同されがちですが、それらは手段・技術にすぎません。情報のコミュニケートを使命とするVMDとは理念が異なります。

　ディスプレイやデコレーションに過剰に意識が傾き、商品と売場や周辺環境を豪華に見えるように、手の込んだように見せることに注力しすぎる企業も多数存在します。けれどVMDは、お客様のために揃えた商品の魅力を引き出し、お客様に無駄な時間を使わせずに選択し組み合わせてもらえるように戦略的に計画するものです。

　多くの時間と労力と経費を費やし、売場の見た目をきれいにしているにもかかわらず、販売実績に結びついていないという場合、多くはVMDが正しく理解されていないことに起因しています。VMDは売上を高め、コストを下げるための概念だと理解し、企業の仕組みとして構築していくことが重要です。ディスプレイやデコレーションと同じようなものとの認識を改め、販売戦略の一環として組み込まなければ、魅力的な売場づくりはできないでしょう。

「目に留まらなければ買われない」

　いかに「品質のよい商品」「デザインのよい商品」「値打ちある商品」であっても、商品は「目に留まらなければ買われない」のです。オーバーストア化や売場の同質化が進んだ現在は、さらに顧客に、ワクワクした気持ちになってもらえなければ商品は動きません。VMDはワクワクさせるために大いに貢献する概念です。

　多店舗化を目指す企業はMD戦略の中核にVMDを導入・発展させ、製造から販売までを垂直に連結統合させ、差別化につなげていかねばなりません。店舗開発のプラン立案段階からVMDの概念とシステムを組み込んでおく必要があります。

　売場レイアウトが什器の制約によって柔軟にできなくなってしまうことがあります。そこで多店舗化推進企業の多くでは、可変型の什器を導入しています。什器、備品、装飾品は、あくまでも商品の魅力を

VMDの目的と効果

●VMDの効果
①マーチャンダイジングを視覚化し、企業としてのマーケティング目標（売上と利益の向上）の達成につなぐ
②商品企画と売場の編成を一致させ、買手に対し計画的かつ効果的に商品訴求を行う
③商業施設で客の購買行動・購買心理（どう見て、どう買うか）を重視したうえで売場の奥へ奥へと視線誘導していき回遊性を向上させる

●VMDで発生する効果
①セルフ販売率向上（販売効率アップ、ピーク時のロス削減）
　接客型販売の売場に関しても接客なしで顧客が買えるようになる
②店内作業の効率アップ（人時量削減）
　社員にもわかりやすい品出し、陳列、補給作業の効率アップ
③販売業務への集中（不要な案内や質問の減少、商品探しや戻し削減）
④台帳で販売指示を実施できるようになり、本部から売場が見えるようになる
⑤業務の標準化が進みレイバー・スケジューリング・システム構築が可能
⑥店内作業の分業・外注化も可能となる
　上記のように店頭での作業のムダが減少しマネジメントコストを削減できる

訴求する売場づくりのツールです。店舗開発部、商品部、店舗運営部は、VMDの概念を正しく理解しておくことです。

つくり手や売り手の「オモイ」を売場で表現する

　船井総合研究所では、先進国における商品の需要と供給の関係、生活者の購買経験の積み重ねが買い物の仕方にどのような変化をもたらすかという研究を長年にわたって行ない、整理してきました。その結果わかったのは、先進国の消費者の買い物は、モノからコトへと変化していることです。

　日本でも生活者の成熟化が進み、特に2000年代に入ってからは、購買の動機が「モノ＝品揃え」中心から「コト＝TPOS、特にオケージョン提案」中心に変わってきたことが明らかになっています。

　このような変化に対応して、コトPOPと呼ばれる商品説明POPをつけ、価値訴求を行なう店舗も増えてきています。

　今も昔も、最も説得力の高い差別化要素は価格です。しかし「心の時代」と表現される現在は、「コト」や「オモイ（コンセプトや理念、ミッション）」の訴求が大きな意味をもつようになっています。品揃えの豊富さや使用シーンの提案などを行なうだけでなく、売場コンセプト、企業の哲学、店舗のこだわりなど、「オモイ」の訴求を心がけてください。

　顧客をワクワクさせるのはモノではなく、つくり手や売り手のオモイだという理解から、バルミューダという会社の扇風機やトースターのように、顧客に感動を与える商品づくりに取り組み、オモイを表現する企業も増えてきています。世界的に見ても、「生活を革新する」というオモイを明確に打ち出している企業が多くなっています。

　志やオモイを売場で表現する力をもつこと。それがこれからの成長の要になるといってもよいでしょう。

第5章
一番店のマーチャンダイジング

本章では、まずマーチャンダイジングの基礎中の基礎を学びます。
その上で店舗経営に欠かせない手法をピンポイントでお伝えします。
これだけ押さえておければ、店舗経営のマーチャンダイジングは十分
でしょう。

■マーチャンダイジングの基本

　一番店は商圏内のターゲット顧客から愛され続けなればなりません。愛され続けるためには、ショップブランドを確立し、顧客を満足させ、リピートにつなげ、利益を上げる……という努力を継続していかなければならないわけですが、こういった基本活動の支えとなるのがマーチャンダイジングです。

マーチャンダイジングとは

　マーチャンダイジングは「商品化計画」と訳される概念で、主に小売業の現場で使用される言葉です。

　販売士試験の学習をされた方はご存じでしょうが、AMA（American Marketing Association：アメリカマーケティング協会）の1948年時の定義は、「適切な商品やサービスを、適正な場所、時期、数量、価格によって、顧客に提供するための計画、活動」とされており、含まれる要素が5つあることから「5つの適正（Five Rights）」といわれています。

　また、青山学院大学国際マネジメント研究科教授宮副謙司氏は、東京大学ものづくり経営研究センター（MMRC）発行の『Discussion Paper No. 193』（2008年2月）で、上記AMAの定義が進化していく様子を以下のように説明しています。

　――1960年には「企業のマーケティング目標を達成するために特定の商品、サービスを最も役に立つ場所と時期と価格で、数量を扱うことに関し計画し管理すること」と改定した。そして現在は「インストア・ディスプレイを展開するメーカーの販促活動、および、小売業における

商品（アイテム）と商品ラインの明確化」となり、小売業にもメーカーにも適用される活動と定義されている。

　製造小売を除く一般的な小売業の場合は、仕入れた製品を商品化し売上に変換していく活動が必要であり、そのための活動全体をコントロールするのがマーチャンダイジングなのです。

原点は自社のターゲット顧客を正しく理解すること

　小売業におけるマーチャンダイジングの原点は、自社のターゲット顧客を正しく理解することです。特にオフライン（リアル店舗）を中心とする多店舗展開企業は、商圏内の消費者といった粗いとらえ方ではなく、自社の店舗を利用してくれる顧客もしくは自社が獲得したいと考えている顧客はどのようなプロファイルで、どのようなニーズ、ウォンツを持っているのかを、可能な限り正しく理解するように努めなければなりません。

　顧客理解はマーケティングの領域ですが、マーケティングと整合性を持つ品揃えになっていなければ、製品を売上に変換していくことは難しくなります。

　したがって一般的な小売業におけるマーチャンダイジングとは、自社のターゲット顧客を理解した上で、適合する品揃え計画、展開価格帯、売場展開、販売手法を取り、利益を最大化するためのバックヤードとしての調達、配分、物流を組み上げる一連のプロセスだと理解ください。

「売り手の4P」と「買い手の4C」

　マーケティングと整合性を取る上では、米国の経営学者フィリップ・コトラーが提唱しているマーケティングの基本手順に従って整理する

とよいでしょう。

次に、マーケティングミックスである「売り手の4P」を、「買い手の4C（米国ノースカロライナ大学マスコミ学科教授ロバート・ラウターボーン）」の観点から検討していくと、顧客視点がより強化されます。

このような活動を通じて自社のターゲット顧客から愛され続ける体質を生み出していくことも、期待効果の一つでしょう。

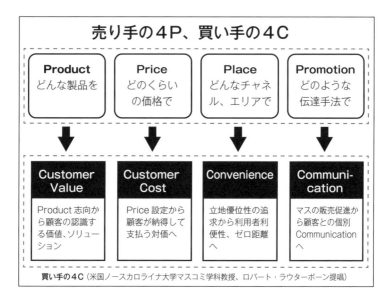

■売上の因数分解

一番店づくりには商圏を攻略していくことが必要になります。そのために最もわかりやすい指標は売上です。

売上は、自社が望む結果です。売上をつくっていくためには、何を変化させるべきなのかという変数を意識しておくことが大切です。

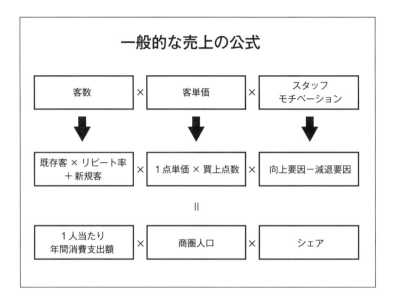

　変化させるべき変数は、売上を因数分解していくことで明確にすることができます。

　たとえば小売業の一般的な売上の公式は、次のようになります。

「客数×客単価×スタッフモチベーション」

船井総合研究所では、これに加えて次のような公式を使います。

「1人当たり年間消費支出額×商圏人口×シェア」

　これによって、商圏内の顧客が店舗をどの程度支持しているのかを想定するようにしています。

「変数」ごとに異なる「変数を変化させる手段」

売上を因数分解すると含まれる変数が明確になりますが、変数ごとにそれを変化させる手段が異なることを意識しておきましょう。

「客数」を既存客と新規客に分けてみる

客数を「既存客×リピート率＋新規客」とした場合、既存客をリピートさせる手段と新規客を獲得する手段は異なります。

①自社の既存客を離反させないためには、既存顧客の意向を聞き、不満に感じている要素を改善していくことが主たる手段になります。
②現在利用している顧客を再来店させるためには、チラシやDM等による販促活動や、SNSを利用した顧客とのコミュニケーションが必要になります。
③まだ見ぬターゲット顧客を動かすには、これまでのアプローチでは反応を得ていないわけですから、新たな吸引手段を講じなければならないでしょう。

「客単価」を1点単価と売上点数に分けてみる

客単価を「1点単価×買上点数」とした場合は、1点単価の向上策と、買上点数の向上策とでは異なる手段を取ることになります。

①現在より単価の高い商品を買ってもらうためには、同一商品の価格差が理解されるよう商品の比較説明機能を強化し、ランクアップしやすい環境を整えることが主たる手段になります。
②より多くの商品を買ってもらうためには、バンドル販売や関連購買を促進することが必要になります。

「商圏人口」と「シェア」

船井総合研究所の公式「1人当たり年間消費支出額×商圏人口×シェア」を整理してみましょう。

1人当たり年間消費支出額は、総務庁統計局の家計調査年報を軸に、傾向としての国内年間消費支出を総人口で割り、1人当たりにしたものです。

これに、経済産業省の「商業統計」、東洋経済新報社の「地域経済総覧」、朝日新聞社の「民力」等を参考にして地域のパフォーマンスを加味し、自社商圏の傾向と可能性を検討する材料にします。

気温、湿度、自然環境といった風土や、地域の成立ちにもとづく固有の消費傾向等を反映していくことが、かつての地域内一番店には期待されていました。

消費が成熟している今は、なおさら地域特性に合うマーチャンダイジングの検討が重要です。その検討を通じて新たな改善のヒントも見つかるはずです。

商圏人口

商圏とは商売の勢いが及ぶ範囲、店舗を基点にして顧客を吸引できるエリアを示すものです。このエリアに住んでいる人口および通勤等で流入してくる人口が商圏人口です。

① 範囲内からより多くの顧客を吸引するためには、「商品の幅を広げて対象顧客層を増やす」「頻度品を強化してリピート回数を増やす」といった商品を軸にした取り組みと、販売促進を強化する取り組みが中心になります。
② 吸引する範囲を広げるためには、「目的来店性のあるビジネス・商品の付加」など利用者が距離やアクセス時間を容認できる取り組み

の付加を検討することになります。

シェア

　シェアは、船井総合研究所では顧客支持率と考え、自社の地域内ポジション仮説を検討する材料として活用しています。顧客支持率を軸に、自社がどのようなポジションにいるのか見定め、次のステージに移行するための取り組みを設計していくのです。

　判断の目安としては、かつてランチェスターの法則を研究したアメリカの数学者クープマンによって導き出された「クープマンの目標値」を使用します。

　このように売上を公式化し因数分解することによって、動かしたい変数に対応する手段を講じることが可能になるのです。

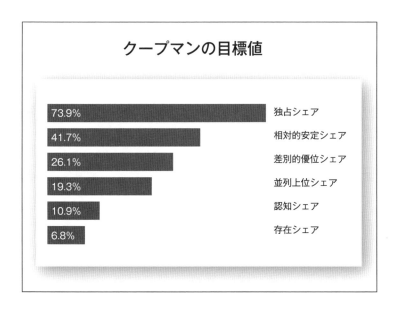

■適品、適所、適時、適量、適価……5つの適正

「適品、適所、適時、適量、適価」は、前述のとおりAMA（アメリカマーケティング協会）が定義した「5つの適正（Five Rights）」といわれる、マーチャンダイジングの原点となる考え方です。

適品

「適品」は自社のターゲット顧客が望む商品のことです。自社が狙う市場や商圏内のターゲット顧客のニーズやウォンツを満たす商品を調達することを示します。

日本のように消費が成熟してくると、商圏内の人口特性、地域特性等の影響が強く及ぶ商品カテゴリが増え、食品スーパーのような統一的品揃えだけでは対応が難しくなる業態も出始めます。ショップブランドが確立しているSPA業態は別ですが、当然のことながら自社商圏内という狭い範囲のターゲット顧客のニーズやウォンツをより深く理解する必要性が高まります。けれど適応した品揃えに至るには、「小ロットでも自社の利益が確保できる調達」というハードルがありますから、簡単ではありません。

適所

「適所」は適切な販売場所のことで、自社および自社ターゲット顧客の両者にとって最適なロケーションを示すものです。ここでいうロケーションは、店舗の立地条件だけではなく、売場、棚割りまでを含みます。

最近はオムニチャネル、マルチチャネル等、オンラインとオフラインを併用する動きが拡大していますが、ターゲット顧客が望む購買

チャネル（たとえばWEB通販）もロケーションの一部に含まれるものとお考えください。

　国内小売業関連の推移を「商業販売統計」等から整理してみると、オンライン（WEB通販）の成長と、オフラインではコンビニエンスストアが成長していることが見て取れます。両者に共通する特徴は、顧客との距離が短いことです。オンラインはスマートフォン等、自宅や手元でアクセスできますからゼロ距離。コンビニエンスストアは、足元商圏800m（徒歩10分程度）の近距離チャネル。このことから、購買利便性という概念を適所に加えて検討していくのが望ましいことがおわかりいただけるでしょう。

適時

　「適時」は最適なタイミングで商品を提供することで、自社ターゲット顧客がその商品を購入したいと考える時期に提供することを示します。

　伝統的な手法としては、「売上指数」を用いて顧客が欲しいと考える時期を想定する方法があります。多くの場合、過去3年から5年程度の年間売上実績を月単位で集計し、1年間の中でどれくらいの割合を占めるかという傾向を把握します。

　気温、天候といった細かな変数を反映することはできませんが、部門別の年間計画を設定するときのガイドラインとして使用されるケースが見受けられます。

　3年から5年程度の積算期間で売上指数を更新していくと、傾向が少しずつ変化していることが把握できます。実際の品揃え、売場展開に関しては52週の組み立てをすることが多いのですが、地域内の旬な時期を検討する基礎材料として用いるといいでしょう。

　なお、小売店が自店の販売実績を使用すると、閉店、リニューアル

といったイレギュラーが含まれる年度が存在する場合がありますが、特殊事情があった年度のデータを外して傾向値を算出すれば、大きな狂いは発生しません。毎年のように閉店、リニューアルを繰り返している場合は、そのまま組み込んで算出します。

その上で日本百貨店協会や日本チェーンストア協会の販売統計データなど広域データを参照し自社の方針を決めていくことが望まれます。

適量

「適量」は販売数量に見合った適正在庫計画のことで、販売目標に応じて適切な量を調達し、配荷することを示します。

昨今、厳しい業績に陥っている小売業の多くが、この適量に関する問題に苦しんでいます。ほかの業界においても、適量つまり在庫の問題は大きな経営課題になっています。

トヨタ生産方式に代表される在庫削減への取り組みは、SCM（サプライチェーンマネジメント）としてさまざまな業界で行なわれていますが、それは在庫が「眠っている資金以下」になるリスクがあるためです。

小売業では在庫で売場を埋めているので、委託契約をしていない場合は、先にお金を払ってモノを並べている状態になります。デッドストック（死に筋商品）は、現金に換わることなく売場に居座り続けることになるのです。

仮に在庫分を現金で銀行に預けていたならば、少なくとも期間中の金利を獲得することができます。売場で徐々に劣化していくデッドストックは、仕入原価を下回って処分しなければならないケースや廃棄ロスが発生します。そのため、「眠っている資金以下」といわれます。

マイナス要因に注目してしまうと「在庫は悪」というイメージが強くなりますが、よくないのは在庫を管理しないこと、あるいはしてい

るつもりになっていることです。

製造業の場合でも、自社の在庫が大量にあると緊張感が薄れ、マーケットの反応に対する感度が悪くなります。とともに、キャッシュフロー、ROA（総資本利益率）が悪化しがちです。

複合調達が当たり前の昨今では、在庫を緊急対応等の変動を吸収するバッファとして活用している企業も少なくありません。在庫が悪なのではなく、管理していない在庫が悪なのです。

適価

「適価」は適切な価格のことで、自社および自社のターゲット顧客の両者にとって好ましい価格、すなわち自社は利益が上がり、自社のターゲット顧客にとっては買いやすい価格を示します。

マーケティング戦略では、製品・サービスの価格設定は製造（調達）コストとカスタマーバリュー（顧客が受け入れ得る価値）の間で行なうのがよいとされています。その際、競合製品・サービスの価格や需給状況、顧客とのパワーバランスなどにも注意すべきです。

かつて、製造業では製品のライフサイクルに応じた価格設定をしていました。自らが所属する業界、主要取扱製品のライフサイクルを理解した上で、自社にとっての適正価格を設定していくことが必要です。

一般に価格を変化させると売上数量も変化し、その結果、製品・サービス当たりのコストも変化します。最終的には収益性にまで影響が及びますから、目先の売上だけ追うのではなく、獲得したい利益を意識して設定していくことが重要です。

最適価格を設定するための分析手法

消費者視点で商品やサービスの最適な価格を設定するための分析

手法はいくつかありますが、比較的簡単にできる手法としてはアンケートを用いて価格に対する感度を測定するPSM（Price Sensitivity Measurement）分析というものがあります。

これは、ある製品やサービスについて、以下の四つの質問をすることで「上限価格」「妥協価格」「理想価格」「下限価格」を導き出す分析手法です。

質問①　いくらから高いと思うか？
質問②　いくらから安いと思うか？
質問③　いくらから高すぎて買えないと思うか？
質問④　いくらから安すぎて品質に問題があるのではないかと思うか？

消費者が価格をイメージしやすい製品ほど、この分析の精度は高くなりますが、反対に価格をイメージしにくい新技術や、価格幅が狭い低価格商品、マンション等の高単価商品には不向きです。

アンケートを用いた分析手法は年々進化していきますから、同じ分析手法であっても、より新しい観点を加味したものを適用するようにしましょう。

■仕入れ政策の基本

小売業における仕入政策は「商品調達と仕入先選定」の基本方針であり、商品戦略の中核を担うものです。

顧客とのいわば約束を果たすために、会社として提供するものを決め、それをどこからどのようにして調達するのか、その方向性を決めるものとお考えください。

商品部やバイヤーといった特定の役割を担う部門や担当者が対応す

るだけでは、全体の戦略を反映した政策に落とし込むことはできません。

組織が大きくなるにつれて事業構造は「縦割り」色が強くなり、部門の責任と権限は拡大していきますが、小売業では「仕入れ」が影響を及ぼす範囲が大きいですから、利害関係者との情報共有・調整・仕入れ意図についてのレビューを実施するとよいでしょう。

現場では、財務・経理担当者などの仕入計画に直接関与する部門だけでなく、販売員、フロアマネージャー、店長、お客様からの問合わせを担当する顧客サービス窓口に至るまで、可能な限り組織としての仕入政策の理念と方針を共有することです。それが顧客との約束遂行につながります。

流通業の仕入れ形態

流通業の仕入れ形態は、大きく分けて「買取り」「委託」「消化」「生産」の四つになります。

「買取り」は、自社が費用を支払って買い取る、最も一般的な仕入れ形態です。「返品なし」と「返品予約付き」とがあります。

「委託」は、商品所有権は店舗に移転せず、納入事業者が店舗に在庫を置いている状態で、店舗は売れた分について委託手数料を取る形態です。

「消化」は、日本独特の商習慣で、「委託」の変形スタイルです。納入事業者が店舗に在庫を置いている状態までは「委託」と同じですが、売れると同時に仕入れが発生し、マージンを取るという形態です。

「生産」は、自社が生産・加工に関与して仕入れる形態で、自社工場で製造する「自社生産」、仕様書を提示して外部につくらせる「委託生産」、生鮮食品業界などでよく見られる「流通加工（自社の加工センターで加工・パッキング等を行なう）」があります。

最近の小売業には、自社の販売能力、売上予算、利益計画等を前提として、複数の仕入れ形態を組み合わせ、自社ターゲット顧客、自社、仕入先三者のメリットを最大化していく商品調達政策立案が期待されていますから、それだけに社内外の各当事者が理解できる明確な指針が必要とされます。

仕入先の選定
　仕入先の選定時には、業種別の商習慣を理解しておくことが欠かせません。
　メーカーから直接仕入れ（卸を介在させずに調達する）をして利益を最大化したい小売業は多いのですが、メーカーが直営販売会社を持っていたり、特約店システム、代理店システムが存在したりしている場合は、容易ではありません。
　生鮮食品業界のように卸売市場でなければ多品種の品揃えが困難で、一定量を確保しにくい場合もありますから、どの仕入先と組めば自社のリスクの最小化とメリットの最大化になるのか、常に検討し続けなければなりません。
　国内には、卸が製品を企画し、下請メーカーにつくらせて自社ブランドで販売するケースも多く見られますから、仕入先の動きに対しても、常にアンテナを張っておく必要があります。
　大手を筆頭に海外からの調達も拡大していますから、開発輸入も視野に入れた仕入情報を収集していくべきです。ちなみに、ユニクロに代表されるSPAは、開発輸入形態の完成形の一つです。
　小売業の利益の源は商品であり、仕入政策はその商品を稼動させ、利益を最大化していくための活動方針でもあります。
　人口減少、世帯数減少が顕著になっていく国内市場においては、ガイドラインとしての仕入れ政策の重要性がさらに高まります。しっか

りと取り組んでください。

■ロス対策

ロスは「損失、ムダ」を示す概念で、あらゆる業界に存在しています。

ロスをゼロにすることは不可能でしょうが、できるだけ少なくすれば、それだけ純益を増加させることができるのですから、実行負担の少ない収益改善とされています。

小売業の現場でも数多くのロスが日常的に発生しています。代表的なのは商品系のロスで、廃棄ロス、値引きロス、欠品ロス、万引きロスです。

廃棄ロス

「廃棄ロス」は、主に消費期限切れやパッケージの劣化などにより商品としての価値がなくなったものを廃棄することで発生するロスです。

サイドウィッチや弁当のように消費期限が早い商品を扱っていると廃棄ロスはつきものですが、競合対策としては廃棄ロスを恐れない店舗のほうが強いケースも多いものです。

問題視すべきは、販売予測、発注予測、返品・振替処理の間違い、日付の見落としといった人為的ミスによる廃棄ロスです。

これらを改善するには、現場を毎日見ている部門の販売担当者がPOS等を活用した単品管理を徹底することに尽きます。

値引きロス

「値引きロス」は動きが悪い商品の見切りに代表される、値引きによって発生するロスです。計画値引きや販促値引きはロスを発生させ

ませんが、商品そのものに問題があって値引きしなければ売れない場合や、過剰投入でシーズン内に在庫がはけない場合に発生します。

　冬季用品を例に取れば、仕入れの商談は夏場までに終了していますから、定めた数量がそのまま店舗に導入されますが、暖冬になった場合は過剰投入になります。商品の動きも低調とあって早い段階から大幅値引きを余儀なくされ、計画した粗利益が確保できない状況に陥って値引きロスが発生することになります。

　値引きロスの原因の多くは予測違いですから、販売データの分析を徹底し予測精度を高めていくことが対策の第一歩になります。

欠品ロス

　「欠品ロス」は品切れによる販売機会損失が発生させるロスです。

　欠品は、メーカー・納入事業者で起きる場合と、自社の補充ミスで起こる場合とがありますが、問題視すべきは補充ミスです。

　メーカーで欠品が生じた場合は、「どこにもない」状態に陥っていますからダメージは限定的です。それに対して自社だけが欠品していると、競合店に顧客を奪われるリスクまで拡大します。

　補充ミスでよく見られるのは、自社倉庫にはあるけれど発注していないケースや、届いているもののバックヤードに置いたままで陳列していないケースです。

　欠品ロスを削減するには、販売担当者が売場を巡回し、棚割りの目視管理と陳列面を揃えるフェイシングをこまやかに実施していくことです。

　積極的なマーチャンダイジングには失敗がつきものですから、リカバリー策を常に検討しておくことです。

万引きロス

「万引きロス」は犯罪被害で、ほかのロスとは根本的に異なるものです。

特定非営利活動法人全国万引犯罪防止機構が平成22年9月に発表した「第5回全国小売業万引被害実態調査報告書」によれば、アンケートに回答した小売業の売上合計は21兆5,693億円、推定万引きロス高は899億円となっていますが、実態はこれよりもはるかに大きいものと想定されます。

万引きロスは、店舗環境に目を向けることが、改善の糸口になります。万引きしやすい環境になっていないかどうかです。

たとえばセルフ型の小売業では、万引きしにくい店舗環境づくりとして、値札に無線自動識別機能のついたICタグを導入している例もあります。顧客がゲートを通ると、持っている商品すべてを読み取りますから、万引き防止にもつながる仕組みです。

現実的には、店頭で摘発しても被害届や参考人調書に手間を取られますから、予防対策を徹底するほうが合理的でしょう。

■インストアプロモーション

小売業は「マスマーケティング」「エリアマーケティング」「個別店舗別マーケティング」の三つの面からセールスプロモーションに取り組んでいます。

「インストアプロモーション」は、小売店の店内で展開されるセールスプロモーションのことで、「個別店舗別マーケティング」の一部になります。「店内販促」です。

最大の目的は、来店した顧客を店内で買う気にさせることです。

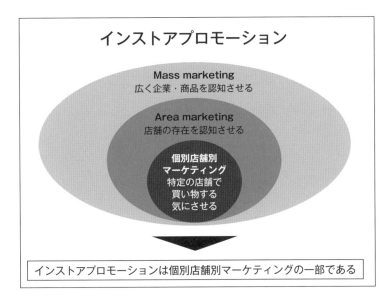

インストアプロモーションは個別店舗別マーケティングの一部である

「衝動買い」も「特定の店舗・売場での購入」も誘発する

　買う商品を決めてはいないけれど毎日立ち寄る顧客が多いコンビニエンスストアのように、非計画購買のウエートが高い業種・業態では、インストアプロモーションが衝動買いを誘発する効果を発揮します。

　事前に検討を重ねて訪れる顧客が多い、高単価かつ専門性の高い商品を扱う店舗でも、商品の使用体験やフィッティングといったオフライン店舗でしかできないことをインストアプロモーションとして展開していけば、特定の店舗や売場での購入を誘発することができます。

店内販促の3つの手法

　インストアプロモーションの媒体（コミュニケーションツール）は、店内表示もしくは配布を前提とするものが多いため、ポスター、POP、クーポン券、レジ配布チラシといったものが中心になります。

手法としては、「価格訴求」「体験訴求」「提案売場訴求」の3つがあります。

・価格訴求：タイムバーゲン、棚置きクーポンなど
・体験訴求：試食、試用など
・提案売場訴求：エンドや島陳列など

実際の売場でよく見かけるのは価格訴求（値引きや特売）ですが、オフラインならではの取り組みは体験訴求と提案売場訴求です。

「価格訴求」と「体験訴求」のポイント
価格訴求は、実行担当者にも顧客にもわかりやすいためよく展開されがちですが、値引き、特売の常態化はよい結果を生みません。計画的な運用が必要です。

体験訴求は、実演販売とも呼ばれていますが、店頭で顧客に商品価値を理解していただく最大の機会になります。

自動車ディーラーでは、顧客が試乗すると成約確立が高まることが販売データで証明されているため、来店顧客を試乗に誘導する取り組みが積極的になされています。

提案売場訴求の3つの手法
提案売場訴求の代表的な取組みには、「関連陳列・販売」「比較陳列・販売」「集中展開」の3つがあります。

関連陳列・販売は、重点商品や主力商品と関連のある商品をあわせて提案することで、プラス1品を販売し、収益性を高めようという方策です。

比較陳列・販売は、同機能商品について高単価高機能品と廉価品の

機能の違いを訴求し、価格と機能・効果のつながりをお客様に理解してもらうことで収益を向上させようという方策です。

　集中展開は、エンドや島陳列に絞り込んだ商品を集中展開するのとあわせて、館内放送や店舗スタッフ全員による声かけによって顧客に提案する方策です。

　これら3つの手法を併用することで店舗全体の商品訴求力を向上させ、「価格訴求」ではなく「価値訴求」によって来店客を買う気にさせるよう推進していくことが重要です。

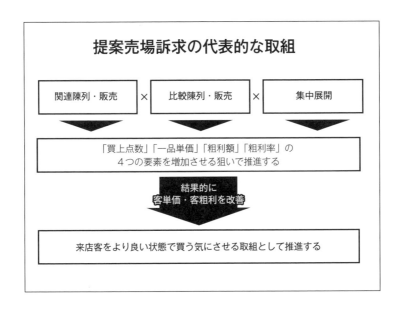

第 **6** 章

勝つためのオペレーションの基本

店舗経営を成功に導くためには、店内のお客様の導線にも注意を払わなくてはなりません。
本章では、お客様がつい買ってしまいたくなるお店づくりの基本をお伝えします。

■ストアコンセプトを表現するゾーニング

ストアコンセプトとは

コンセプト（concept）は、本来「概念」と解される言葉ですが、「ストアコンセプト」という場合は、店舗全体を貫く基本的な概念や経営理念をいいます。ここでは、店舗としてどういう主張をし、「誰に」「何を」「どのような方法で」売るのか、それを明確に定める意味で用います。

メインターゲットを設定し、提供する商品・サービスのレベルを決め、その提供（販売）方法を決めていくのが、「ストアコンセプトづくり」ということです。

ゾーニングとは

ストアコンセプトを店舗で表現するのが、「ゾーニング」です。

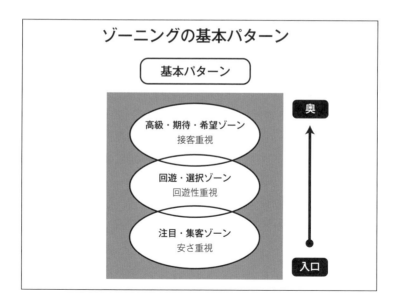

小売業におけるゾーニングは、販売士試験では「品群の集合体である部門を設定し、それら部門に該当する品群を店舗全体に効率的に割り振ること」とされていますが、簡単にいうと「商品群を売場に割りつけること」です（本書の第4章では「どこがどういう機能を持つ場所なのか、何の売り場なのか、わかりやすく区分すること」と説明しています）。

　ゾーニングを検討するときは、「坪当たり売上金額」と「売場面積構成比」をある程度一致させていくのが基本になります。

　ゾーニングのパターンは業種・業態によって多様にありますが、基本は店舗を、①注目・集客ゾーン、②回遊・選択ゾーン、③高級・期待・希望ゾーンの三つに区分し、顧客を奥に引き込むよう組み立てます。

①注目・集客ゾーン

　「注目・集客ゾーン」は、対面販売型店舗とセルフ型店舗とでは組み立てが異なります。

　対面販売型店舗では、季節商品やバッグなどファッショントレンド小物を展開し、店舗の前を通行する顧客の注目を集める、百貨店的なパターンが代表的です。「注目されること」がメインテーマで、新しいもの、関心を引くものを中心に組み立てます。

　セルフ型店舗では、家庭用品などパワーカテゴリーを展開するパターンや、低単価の消耗品や高頻度品などコモディティを入口周辺に散りばめるパターンがあります。

　特価品やお買得品をメインに展開し、店舗の相場感を告知するパターンが一般的ですが、庶民的な業態にとって大切なのは、「安さ」ではなく「安さ感」です。

②回遊・選択ゾーン

　「回遊・選択ゾーン」については、顧客がストレスなく店内滞在時間を過ごせる、歩きやすい動線設定と、商品比較や関連購買がしやすい配慮が求められます。

　ふさわしい商品は、対面販売型店舗では比較購買商品、セルフ型店舗ではトイレットペーパーやティッシュペーパーといったコモディティの定番的なものでしょう。

　「比較しながら選べる」という視点で売場を構成するのがポイントで、POPなどによる補助説明を生かす演出を意識します。

③高級・期待・希望ゾーン

　「高級・期待・希望ゾーン」は、人は何か面白いものがありそうだと感じると、そちらに進入していく傾向がありますから、店舗の深いところに置くようにします。

　たとえば、経済成長期のバッグ専門店では、高級ブランド品を奥深い場所にあるケース内に置き、顧客は販売員に頼んで取り出してもらう、そういう仕組みの店舗がよく見られたものです。誘導インパクトの強い「高嶺の花」を奥に置くことによって、「いつかはあの場所に行って商品を手に取ってみたい」と感じさせる演出で、店内深部へ引き込む流れをつくったのです。

　以上のようなゾーニングの基本を理解した上で、自社のストアコンセプトを効果的に表現する工夫を凝らしてください。

■動線計画の基本

　「売場づくりは動線計画から始まる」ともいわれます。動線には「従業員動線」と「顧客動線」の二つがあります（「動線」は「導線」と

も表記しますが、ここでは「動線」に統一します。また、従業員動線は「商品動線」と「接客動線」に分けることもあります)。

従業員動線と顧客動線

「従業員動線」は、バックヤードから商品を搬入するための動線です。なるべく顧客と接触せずに、効率よく搬入・補充等の作業を行なえるようにします。距離はできるだけ短く、かつ台車等が通りやすい広さを確保するのがポイントです。

「顧客動線」は、顧客が店内を歩く経路です。歩きやすく、商品が見やすく手に取りやすくします。

一般的には、顧客動線は長いほうがよいとされています。店内滞留時間が伸びるため、「環境適合機会」「販売機会」「接客機会」の拡大につながるからです。購買確率、客単価、買上点数は店内滞留時間が長いほど伸びます。

ただし、動線が複雑で歩きにくいと利便性が低下し、来店頻度も低下しかねません。顧客動線を設定するときは、顧客にとって買い物がしやすいか、店内滞在時間を負担に感じることなく過ごせるかを念頭におき、売場ではなく顧客のための「買い場をつくる」ことを意識してください。

留意しておきたいのは、顧客には「最短経路を選択しようとする」「上下移動を嫌う」という二つの傾向があることです。

顧客は最短経路を選択しようとする

人は、目的の方向に近い経路を選択する傾向があります。

店舗としては顧客の滞留時間を長くするほど販売機会が増えますが、目的来店性の強い商品に関しては、短時間購買を配慮した短い動線を組み合わせることです。コンビニエンスストアの弁当やおにぎり

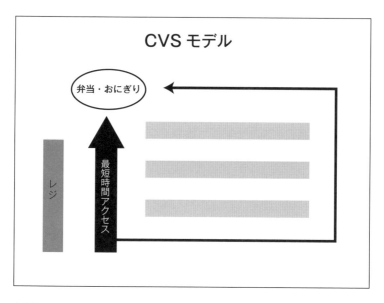

の配置には、そういう配慮がなされています。

　上の図のように、入店口の正面突き当たりにおにぎり・弁当を配置し、昼食時間帯など短時間で購入したい顧客が最短経路で購入できるようにしているのが、その一例です。

　セルフサービスの小売業では入口から出口までを一方通行に設定するワンウェイコントロールが基本になりますが、目的性の強い短時間購買客に対応するため、レジに近い最短経路を設計するケースがよく見られます。

顧客は上下移動を嫌う

　人は、上下に移動することを避ける傾向があります。

　ビル型店舗のようにフロアが上下に分かれていると、ワンフロアの店舗に比べて誘導上のハンディキャップがあるのは周知のとおりです。

　かつての百貨店業態ではレストラン、書店を上層階に配置し、そこ

に引き込んだ顧客がエスカレーターで下のフロアに流れ込むシャワー効果を期待したフロア構成が見られましたが、それは上層階への吸引が難しいことを認識していたからです。

2階売場がある場合だけでなく、売場に段差がある場合も同様で、高低差がある売場はフラットな売場よりもハンディキャップがあると意識しておくべきです。

顧客動線を計画するとき意識しておきたいことは、以下の4点になります。

①店内の見通しをよくする

店内の見通しをよくするのは、探索性の向上すなわち顧客が目的とする商品を探しやすくするのが最大の目的です。

買物はアミューズメントだからと、あえて見通しを悪くする場合もありますが、相当な力量がなければ万引きロス等を含むリスクをカバーするだけの業績を獲得するのは難しいでしょう。

②主動線の幅をきちんととる

主動線の幅についても上記①と同じで、原則をきちんと理解した上で自社の対応を検討しなければなりません。

主動線とは、顧客動線のうち入店客のほとんどが通る動線のことです。主動線には以下の配慮が必要です。

- 入口から始まる最も広い動線であること
- 基本的に直線であること
- レジへのアクセスがよいこと
- 行き交い（すれ違い）しやすいこと

主動線が確定しなければ、効果的な什器配列等はできません。主動線を確定することによって、大まかな商品配置も決まってきます。

顧客動線の幅は、もちろん店舗全体の面積にもよりますが、主動線は1.2m（タイル4枚以上）〜3.5m、補助動線は0.6m（タイル2枚以上）〜2.1m程度です。

	小型専門店	スーパー	百貨店
主導線	120cm〜150cm	210cm〜350cm	270cm〜350cm
補助導線	60cm〜90cm	150cm〜180cm	180cm〜210cm

③顧客動線に沿う商品配置に関連性をもたせる

顧客動線に沿う商品配置に関連性をもたせるのは、セルフ型小売業のワンウェイコントロールでは基本です。

一般的なワンウェイコントロールでは、入口から出口までの動線を一方通行にし、顧客動線の両側の売場に関連性のある品種を配置していくようにします。

これは来店した顧客に少しでも多くの売場と接触してもらうのと、来店前に予定していた商品を見つけやすく、かつその商品と合わせて購入する可能性の高い商品が目に留まりやすくするためです。

一方通行にするからには、当然ながら顧客の購買順序を意識した配置になっているべきで、想定どおりの購買行動になっているか否か、常に観察しておくことが欠かせません。購買行動の傾向を明らかにするために、かつては手作業で客動線調査（顧客の動きをつぶさに観察

し、図面に線を引く等）を実施していましたが、昨今は監視カメラやスマートフォンの位置情報等を利用する手法も用いられています。

④一定間隔でパワーカテゴリーを配置する

一定間隔でパワーカテゴリーを配置するのは、顧客に主動線をくまなく回遊してもらい、接触機会を増やし買上点数増につなげるためです。

ワンウェイコントロールの場合、随所にパワーカテゴリーを設置することで各コーナーへの立ち寄り率が高まり、買上点数の増加が期待できるようになります。

郊外型大型店のように店舗の入口が二つあるツーウェイ型の場合は、自由回遊が基本になりますから、吸引力の高いパワーカテゴリーを分散配置します。

売場のブロック配置にも、優先順位があります。

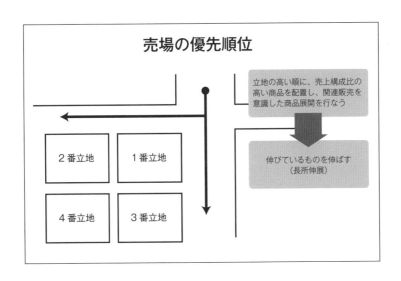

・顧客通行量の多い動線に面しているブロック
・入口周辺からの視界がよいブロック
・エスカレーターやエレベーターに近いほうのブロック

　このような一般的なルールを理解しておき、自店に応用してください。なお、隣接ブロックとの商品関連性も当然、考慮すべきです。
　顧客動線は、顧客の買物順序を計画するもので、いわば店舗の生命線です。店舗それぞれの意図や考え方が反映されており、それが鮮明に見える部分ですから、さまざまな業種の顧客動線からその意図を読み取る習慣をつけるようにしましょう。

■知っておきたい売場の基本

　「売場は生き物」といわれます。顧客や仕入れ先担当者などさまざまな人が出入りするだけでなく、入荷・品出し・販売と、刻々と変化し続けているからです。
　顧客が商品を一つピックアップすれば、その時点で売場に乱れが生じます。常にベストな状態に保つのは容易ではありません。売場を巡回し、「欠品防止」と「売場メンテナンス」を徹底する努力が不可欠です。
　よい売場は、ディスプレイの領域だけではなく、よい状態を維持する努力があいまってつくり出せるものと認識してください。

欠品防止
　最低陳列量（在庫量が一定以下になると販売量が低下するデッドライン）よりも少なくなった状態が欠品です。欠品になってしまうと、補充発注をしても入荷するまでにはリードタイムがありますから手遅れです。しかも、よく売れるから欠品もするわけで、欠品は機会損失

の発生につながります。

　欠品を防止するには、開店時チェック、営業時間内チェックだけでなく、過去の販売データにもとづく販売予測と標準在庫設定、標準在庫を維持するための発注頻度とその方法や作業割当の見直しなど、店舗全体の運営の仕組みやルールの整備が必要になります。

　メーカー、ベンダーといった外部の関係先も絡みますから、店舗だけで仕組みやルールを整備することはできないでしょうが、未熟な運用がボトルネックになっていることが多いものです。まず、そこに注意してください。

売場メンテナンス

　開店時にはベストな状態で並べられていても、顧客が接触すると、当然、売場は乱れるものです。その乱れを、顧客にストレスを与えることなくメンテナンスし、できるだけベストな状態を維持するようにしていかなければなりません。

　そのためには、まず棚の手前に商品を出し、きれいに揃えて見やすく取りやすい状態にする「前出し」を徹底することです。

　定番コーナーについては1日4回程度、点検・メンテナンスをするルールを設けている店舗が多いのですが、点検習慣が弱い店舗では棚の商品に凹凸が出てしまいます。

　目視ですぐわかることですから、ごみが落ちているのに気がついたら拾うのと同じように、従業員全員が常に意識しておけば改善するはずなのですが、これがなかなか簡単にはいきません。日本的改善の原点である5S（整理、整頓、清掃、清潔、躾）同様、わかりきっていても徹底できないものです。

　この領域に自信がない店舗は、朝礼時に全員が自分の担当外の売場確認を行ない、朝のベストな状態を目に焼き付ける、これを繰り返す

といいでしょう。

　状態の基準を全員が共有することです。それによって異常な状態を発見しやすくなります。

　単独店を経営しているうちは、優秀な経営者がすべてをカバーしてしまうことがありますが、特定の個人に依存した売場メンテナンス体質は、多店舗展開時に想定外のトラブルを招くことになります。ご留意ください。

　売場の状態を維持するだけではなく、さまざまなトラブルを予防するためにも、店舗運営の仕組みとルールの整備に取り組むべきです。

ゴールデンゾーン

　顧客に喜ばれる売場づくりは、「見やすく商品が手に取りやすい」の意識からスタートすることを述べてきました。

　業種や商品によりますが、ゴンドラ什器や壁面展開において縦陳列をする場合は、顧客の視線や手の届く範囲を意識する必要があります。

一般的な売上の公式

			高さ	対象商品
ゴールデンゾーン		男	70cm～160cm	・主力商品 ・重点商品
		女	60cm～150cm	
手で取れる範囲	上	男	160cm～180cm	・定番商品 ・訴求商品
		女	150cm～170cm	
	下	男	40cm～70cm	・超目玉商品 ・チラシ掲載品
		女	30cm～60cm	

最も手に取りやすい位置をゴールデンゾーンと呼びます。顧客にとって「見やすく、手に取りやすい」ことはすなわち「買いやすい」位置になるのですが、これはメインターゲットとする客層によって多少変化します。

まずは高さの問題。次に、什器の出幅によっても有効陳列範囲は変動しますから、出幅に応じた設定を検討します。

対象客に合わせたゴールデンゾーンの見極めができるよう、日ごろから注意しておくことです。

一般的な陳列手法

陳列手法には目的別にいろいろな種類がありますが、単独で運用されるケースはきわめて稀です。ほとんどの場合、売場内での立地や商品によって変化が加えられ、複合形式になっています。

什器そのものも売場展開に一役買います。目的に合わせて選択しましょう。

一般的な陳列手法

	目的	商品特性	陳列什器等
量感陳列	商品の量を顧客にアピールし、購買意欲を喚起する。	・低単価 ・高回転 ・最寄り品 ・季節商品	・ボックス ・バスケット ・ハンガー ・ワゴン
平面陳列	商品を平面的に並べ、気安さ、気軽さを与える。	・低単価品 ・高回転商品 ・コモディティ ・催事、集中販売商品 ・活気で売る商品	・平台 ・パレット
立体陳列	商品を積み上げたり、垂直に陳列し、同種商品の選びやすさをアピールするとともに売場効率を上げる。	・同一商品でサイズが多種 ・同一用途で多種類	・ヒナ段 ・ハンガー ・ネット
複合陳列	量感陳列の場所に変化を強調し、集客ポイントとする。	・特に小型の日常的商品 ・買回り品	・ショーケース ・壁面ケース ・店舗コーナー
展示陳列	商品の個性を顧客にアピールし、購買意欲を喚起する	・高価格 ・買回り品 ・新商品 ・情報提供商品	・ステージ ・ショーウインド ・壁面 ・マネキン

商品配列法

配列にあたっての商品分類は販売方針や商品構成によって異なりますが、的確な分類ができていなければ店舗全体に悪影響が及びます。自店にとって最適の商品分類を、販売政策と、顧客のライフスタイル・購入パターンの両面から検討して決定します。

商品配列方法

手法	タイプ・目的
価格別配列法	顧客が選択するに当たって価格を重視する場合に導入する。
種類別配列法	商品を種類別に配置し、選択を容易にする。ただし、商品区分・分類が明確でないと雑然とすることが多い。
用途別配列法	商品の使用方法を説明しやすく配慮したもの。
材料別配列法	商品の材料を種類別に分類して配列する方法。
世代別配列法	商品が年代によって著しく異なる場合に取る方法。
色彩別配列法	顧客が購買の決定に当たって、色彩が重要な要素となる場合に用いられる。
男女別配列法	使用区分が性別で別れている場合に多い。
関連配列法	使用・消費の際に関連する商品を一群にまとめる方法。
行事別配列法	各行事に必要な商品を合わせて配列する方法。
季節別配列法	四季それぞれに必要な商品を重点的に配列する方法。
PR配列法	新商品紹介や新しく取り扱う商品を顧客に知らせることに重点を置いた手法。説明書・サンプル配布・実演等が該当する。

サイズ対応モデル

靴や工具のように、同じ型でサイズバリエーションが選択基準になるアイテムは、「種類の豊富さを見せつつ、サイズ選択を容易にする」展開がポイントになります。

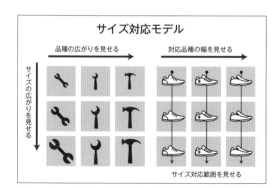

160

商品配列のリズム

商品の配列にはリズムも大事です。ゴンドラ什器の棚板1段の中であっても、「大から小」といったリズムを考慮した配列をしましょう。同じ商品群で規格やサイズが異なるものに

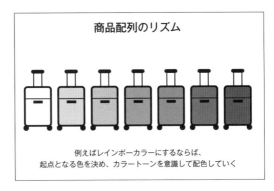

ついては、特に意識すべきです。

多色展開している商品は、カラートーンを意識しましょう。ゴンドラ什器または棚単位で統一するとよいでしょう。カラー統一は、「レインボーカラーで」「淡～濃で」「信号配列で」といった方法があります。

エンド対応への配慮

什器による島展開にはエンドがつきものです。主通路沿いに展開されるエンドは、マグネットとしての役割が大きくなります。顧客に提案したい商品のプレゼンテーションスペースとしても、非常に有効です。

ただし基本的なルールを忘れると、島展開そのものが台無しになりかねません。次の点に留意してください。

①展開品目は3～5品目に絞る
②催事期間の集中販売商品を利用する
③新商品プレゼンや特価品のボリューム展開を意識する
④VMDを意識する

⑤ POPを最大限に活用する

　エンド対応で最優先すべきは、シーズン性の高い商品群や、集中販売品・催事目玉品です。
　多店舗展開していると、スケールダウンした店舗では基本定番がエンドに入り込んでくる「定番エンド」が発生することがあります。そうなるとエンドのインパクトが失われ、売場からマグネットが減少するため顧客が売場を回遊しなくなり、結果的に売上が低下することもあります。
　昨今のようにモノが売れにくい時代には、全体の商品回転率を引き上げる、インパクトある商品の集中展開が有効でしょう。その意味でも、エンドの役割の再確認が求められます。

トライアングル陳列

　複数の商品を組み合わせて演出する場合は、「トライアングル」もしくは「ピラミッド」の形を基本に構成を考えます。三角形の頂点から底辺に向かって広がる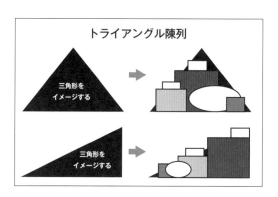
スタイルです。まず、演出するスペースに三角形を思い浮かべ、次にその三角形に合わせて商品を配置するといいでしょう。

ショーウインドウや舞台陳列を実施する場合に適用する

　船井総合研究所では小売業の営業活動を、「商品は役者、売場は舞台、

ディスプレイは演出」とお伝えしています。

　役者である商品を、最も輝かせて観客＝顧客に見せる工夫が、大道具・小道具といった黒子すなわち店舗スタッフには期待されています。「売場」は顧客にとっての「買い場」という意識をもち、常に顧客視点で売場を見ることによって、よい状態を維持できる体制が整うものと認識してください。

■店舗在庫の低減に向けて

　「5つの適正」の「適量」の項で、在庫に関してよくないのは、「管理しない」ことと「管理しているつもりになっていること」だと述べました。

　現場では在庫といえば「在庫高」を中心に語られるとおり、在庫管理は金額と合わせてコントロールしていくことにほかなりません。

在庫がある限り費用が発生し続ける

　小売業には、製造業のような原材料や部品の仕入れから製造に至る工程がありませんから在庫管理の範囲が少ないのですが、だからといって簡単だとはいえません。

　狭義の在庫管理は「保管している在庫物の価値（品質、鮮度等）低下を最低限のコストで防止しつつ、受注分に相当する必要量を適切に保ち、いつでも出荷できる体制を保つこと」としてよいでしょう。在庫を低減したほうがよい理由は、この定義からも読み取ることができます。

　「価値低下を最低限のコストで防止」と記しましたが、多くの在庫は価値が低減していくものです。

　仮にPCの在庫を持っているとします。

発売された瞬間から価格競争が始まり、次期後継機の投入予定が発表された時点でさらに価値は低下、後継機の性能が大きく向上していれば発売時点で在庫の価値はもっと低下します。管理状況がいくらよくても、価値は低下します。しかも在庫管理には保管費用など「最低限のコスト」もかかりますから、商品は手元に調達した瞬間から価値が低減していきます。資金を銀行に預けていれば低いとはいえ金利がつきますが、在庫は、抱えていればいるだけで金利を取られ続けているようなものなのです。

在庫を可視化する

小売業では、単価が安く需要が安定している定番については、「定量発注点方式（在庫が一定量になったら発注する）」が多く取られています。事務手続きを簡素化できる反面、在庫量が多くなりがちなスタイルです。

発注点とは、在庫がここまでになったら発注するという個数で、「安全在庫量＋調達リードタイム×1日当たり販売数量」で計算します。

安全在庫量は、需要の不確実性に対応し、品切れや欠品を防げる在庫量のことです。

発注点を決めると、需要変動があってもそのまま発注してしまいますから、発注点そのものを定期的に見直すことが必要です。

現時点での正確な在庫把握には、やはり可視化が必要です。在庫の可視化はロス対策にもつながります。以下の点に配慮しておきましょう。

・日ごろから店頭、在庫置場を整理整頓しておく
・関連陳列など、同一商品の多箇所陳列を頻繁にチェックする
・死に筋の期間等の定義を明らかにし、動かない商品の動向を定期

的に確認する
- 実地棚卸しの頻度を可能な範囲で多くする

バックヤードの管理

在庫は店内だけでなく、バックヤード、倉庫、外部倉庫にも存在しますから、意識して管理しなければ見落としが発生しやすくなります。

動かない商品（在庫）に資金が充てられると、売れ筋の補充資金が少なくなり、売上低迷につながります。昨今キャッシュフロー経営が大切といわれるゆえんです。

通常の業務で問われる在庫管理は、需要に合わせて適切な商品を適量供給するための管理、つまり需要予測がポイントになる管理です。

多くの小売業ではEOS（エレクトロニック・オーダリング・システム）による単品仕入れ予測管理、POS（ポイント・オブ・セールス）による単品管理ができる体制になっています。

- EOSデータ：仕入先と共有し、調達期間を短くしていく交渉を行なう
- POSデータ：環境変数（気温、天候等）を加え、詳細分析を行ない、販売予測制度を高める

早い時期からこれらビッグデータを取り込んでいるのがコンビニ業界で、それがコンビニの基礎力になっています。データから導き出された基準値を原点に、需要予測だけでなく廃棄を含めたロスも想定しながらマネジメントしているのです。

コンビニに限らず、誰もが在庫状況を把握できる可視化を図り、実績を見ながら発注点を調整し在庫を軽減する仕組みを磨き続けることが、利益とキャッシュフローの改善にもつながります。

■レイバースケジューリングプログラムの基本

レイバースケジューリングプログラムとは、誰が、いつ、どの作業を、どのくらい実施するのかを定める「作業割当計画」のことです。

「固定作業」と「変動作業」に分け適正人員を割り当てる

作業を「固定作業」（人事、経理等の曜日や客数の影響を受けない業務）と「変動作業」（曜日、時間帯、客数の影響を受ける業務）の2種類に分け、曜日・時間帯ごとの仕事量に応じて必要な人員を適正に配置し、生産性の向上を図るものです。

「業務ありき」の考え方が基本で、「業務に人を割り当てる」流れを取ります。店舗作業をアクティビティに分類し、アクティビティごとに1時間当たりコストを算定して、労働生産性の基準値を算定します。この基準値によって、本部は店舗の作業スタンダードを把握でき、店舗別の作業効率の優劣判定ができるようになります。基準値算定にあたっては、標準店舗を用いたサンプル調査を行ない、動態を把握しておくとよいでしょう。

作業割当計画づくりの手順

レイバースケジューリングプログラムは、次のような手順で行ないます。

①店舗業務項目を洗い出し、作業レベルのアクティビティに分類する
②作業の名称を統一し、誰もが同じ認識になるよう内容を明示する
③業務手順を標準化する
④作業を変動作業と固定作業とに分類する

⑤それぞれの必要時間を測定する
⑥スタンダード化した作業をマスタとして登録する
⑦作業割当計画の立案
⑧実施後の実績登録
⑨マスタと実態を比較して時間的なズレを見つけ出す
⑩原因の追究
⑪改善プログラムの検討
⑫改善プログラムの実施
⑬再検証からPDCAサイクルへ

実際の作業見直しは「現場との戦い」

　以下に示すのは、スタンダードに従って時間帯別業務効率の推移を見たものです。

　傾向をとらえることができたら、以下のような対応を行ないます。

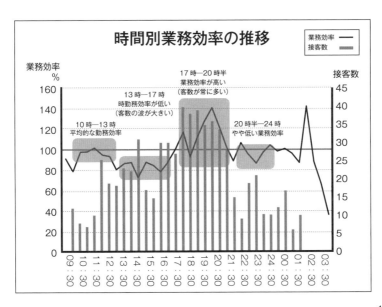

①アルバイトを採用するときは、人時が不足している時間帯を中心に募集する
②人時が余剰している時間帯のアルバイトを、不足している時間帯に移動させる
③人時が不足している時間帯の作業を見直す
④人時が余剰している時間帯に移動できる作業があれば、実施時間を変更する

希望どおりに採用するのは容易ではありませんが、③④のように、作業時間帯の見直しによって業務全体の効率化を図ることもできます。

アクティビティごとのスタンダードが指標化できると、その期待効率を達成するためのマニュアルづくりやトレーニングプログラム開発にもつながっていきます。

実際の作業見直しは、現場との戦いになります。現場は、変化に強い抵抗をもつものです。

特定の人しかできない業務や、習熟レベルの高い人がいなければ作業が停滞する可能性がある場合は、出勤曜日からの調整が必要になりますから、現場の人たちの理解と納得が得られなければ混乱するリスクがあります。しかしながら、長い目で見れば特定人物に依存する体質は改めるべきなのですから、強い意志で手を入れていくことです。

■マニュアル化領域と定着へのシナリオ

マニュアルとは、業務作業手順の指示書です。

マニュアルについては賛否両論ありますが、ISO、フランチャイズビジネス等においてさまざまな業界のスタンダードを組み立ててきた経験からいえば、企業にとってなくてはならないものです。個人事業

主や人を使わないビジネスは別として、複数の人間が分担して仕事をしていく場合、マニュアルなしに業務を進めることは不可能です。

マニュアルは顧客との約束を遂行するためにある

　企業は、顧客に対してどのような仕事をしていくのか明確に定義し、提供価値を整理した上で一貫性をもって提供し続けなければなりません。

　ブランドは、競争相手の製品等と識別化あるいは差別化するためのネーム、ロゴ、マーク、シンボル、パッケージ・デザインなどの標章と定義されますが、「顧客に対する提供価値を保証するもの」と考えれば、「企業としての顧客との約束の証し」といえます。

　「顧客との約束」という観点から、約束を履行していく手段（業務プロセス、業務品質、組織体制、対応人材）を明確にし、約束の履行が財務成果につながるように流れを整理することもできます。

　いかなるビジネスも、顧客に対して提供する役務を約束し、約束を果たすことで費用をいただきます。顧客はそれが常に同品質であることを要求しますから、品質にバラツキがあってはなりません。そしてバラツキを抑制するには、提供する役務を定義したスタンダードマニュアルが必要なのです。

　つまりスタンダードマニュアルは、約束不履行をしない、ブランドとしての共通作業手順を定義するものなのです。世間には「マニュアル以外のことができない人はダメ」などという人もいますが、スタンダードマニュアルレベルのことができれば、少なくとも業務責任の最低限のラインは保てるのです。

　無機的なマニュアル対応が問題という人もいるかもしれませんが、そのような対応はじつはマニュアルどおりではないのです。顧客の感情を逆撫でするような対応が、スタンダードマニュアルに書いてある

はずがありません。顧客の不興を買うのは、現場での運用レベルが未熟ということで、個人の習熟レベルがスタンダードマニュアルの規定値に達していないと考えるべきなのです。

店舗内の全作業をマニュアル化する

　マニュアル化領域とは、自社内で発生する基本作業がすべてカバーされており、それを実行するだけで自社が顧客と交わした約束が守れるという業務範囲を示すものです。店舗内で発生する全作業が種別ごとにマニュアル化されている状態が、本来の姿なのです。

　その行為を遂行しているか否かを管理することも作業の一つですから、管理者に対しては実行状況を観察・測定・分析するためのマニュアルが紐づいてきます。

　管理者が観察・測定・分析をするためには、前項の「レイバースケジューリングプログラム」で記載したように、スタンダード化した作業マスタとその定量指標が必要になります。

　定量指標は自社の顧客との約束にもとづいて定義されるものですから、その意味でもマニュアルは自社でオリジナルなものをつくらなければなりません。

業務のスタンダードを確立する

　日本的改善の原点である「5S」を思い出してみてください。「整理」「整頓」「清掃」「清潔」「躾」ですが、言葉の定義を読み込んでいくと、マニュアルの重要性を再確認できるでしょう。

・整理とは、いらないものを捨てること
・整頓とは、決められたものを決められた場所に置き、いつでも取り出せるようにしておくこと

- 清掃とは、常に職場を美しく保つこと
- 清潔とは、整理・整頓・清掃の 3S を維持すること
- 躾とは、決められた手順、ルールを守ること

　最後の「躾」に表現される、決められた手順、ルールが表記されているものがマニュアルそのものなのです。
　FC本部が、直営店を題材にしてスタンダードを確立し、加盟法人に展開する流れを整えているケースもよく見られます。
　繰返しになりますが、スタンダードマニュアルは、ブランドとして顧客に約束不履行をしないための作業手順を示すものです。どの店舗にも共通の日常業務を定義するのです。

実行できるようになるまで指導する
　定着に向けては、個人の習熟レベルをスタンダードマニュアルの規定値に達するよう指導していくことが必要になります。
　マニュアルを読んで書かれていることを理解できない人は少ないでしょうが、理解できるから実行できるかというと、必ずしもそうではありません。頭でわかっていても、納得しなければ実行しないものです。指導者は、根競べを覚悟しておくべきです。
　仮に自分のやり方のほうがいいという担当者がおり、それが真実であるならマニュアルを改訂すべきであって、やらないという選択肢はないのです。
　定着を阻害するいちばんの要因は、何度指示しても正しくやってもらえないことに疲れた指導者が、指導し続けることをあきらめることです。
　定着は教育だと考え、以下のような流れで指導していくことです。

・自社の価値観を伝える
・マニュアルをベースにトレーニングする
・実施状況をチェックリストで検査し、フィードバックする
・PDCAサイクルを回す

　実行できるようになるまで指導し続けることこそ、定着させるための要諦なのです。

第 7 章

組織体制と人材育成の基本

店舗という"入れ物"があっても、そこでお客様の対応するのは、人です。いくら立地や建物が素晴らしくても、そこで働く人や組織に問題があればお客様は来てはくれません。
本章では、組織づくりと人材育成のポイントをお伝えします。

■一番店の多店舗化マネジメントにおけるポイント

　かつてのような標準店の多店舗化ではなく、地域や立地の特性に合わせたローカライズ店舗を多店舗化していくには、高度なマネジメント体制が必要です。そこでこの章では、一番店の多店舗化を進める上できわめて重要な課題となる、「マネジメント体制」について述べていきます。

　最大のポイントは、「一体化」と「自主的に考える組織」です。

一体化

　組織の"一体化"の重要性はいうまでもないでしょう。その中核となるのは、「会社としての考え方（理念）」と、何年後にはこういう会社になるという「ビジョン」です。

　そしてこの二つに加えて重要なのが、ビジョンを達成するための「経営戦略」と、定性・定量の計画を明確にした「経営計画」の策定で、これらを実行するための組織づくりと機能設計が合わせて求められます。

　これらは組織の中核的エンジンとなるものですから、全従業員で共有し理解してもらわなければなりません。

自主的に考える組織

　一番店多店舗化における重要課題のもう一つは、"自主的に考える組織"の育成です。

　組織単位で自分たちがすべきこと（ミッション）を自分たちで考え、自分たちの行動を再構築し、数値目標と連動させるようにします。そして現場の活動と連動させたKPI（重要業績評価指標）を組織単位ごとに設定し、PDCAを回していくのです。

これは、本部主導で決めたことを各店舗は確実に実行していく、という構図とは大きく異なる部分としてとらえておくべきです。

マネジメントは、これらを土台にして、賃金・評価・昇進・昇格・教育・採用といった人事面をトータルにとらえて再構築することになります。

■組織設計の基本原則と注意点

理念やビジョン、経営計画の重要性は重々ご承知でしょうから、組織とその機能設計について解説します。

組織設計は、会社の置かれている立場やビジョンなどによって変わってきますが、基本として組織はその機能から3部門に大別することができます。俗にいう「ライン」「ラインスタッフ」「スタッフ」です。

- ライン――店舗運営部門などの利益を生み出すプロフィットセンターです。
- ラインスタッフ――商品部、物流部、情報システムおよび、販促・広告宣伝などプロフィットセンターを支える部門です。規模が小さい場合や方針などによって、ラインの下にこのラインスタッフを置く会社もあります。
- スタッフ――総務、財務・経理、人事、施設維持管理、経営企画などの部門です。

組織は指示命令系統でもある

組織は指示命令系統を示すものでもあります。ですから、本部・部・課・室とエリア統括・店舗などは、それぞれどういうランクになり、どことどこが同じ位置づけなのか、組織全体について誰もが統一的な

理解をするようにします。組織図においては、同じ階層は並列に記載するようにします。

組織を分割すると必ず組織間に壁が生まれる

組織をつくる際に知っておくべきことは、どんな小さな組織であっても、組織を分割すると必ずそこには壁ができるということです。組織は自己保存と拡大の意識をもちますから、自分たちの組織を守ろうという意識が働き、組織間にコミュニケーションの壁が生まれます。適切なコントロールをしなければ、セクショナリズムが起こり、一体化が阻害されます。

組織を分割していくときは、一方でコミュニケーションの活性化を意識しておかなければなりません。

■機能設計の基本

地域一番店の多店舗化に重要な役割を果たす部署および役職と、その関係性の基本について述べておきます。

まず重要になるのは店長の力量ですが、さらに重要なのが、その上のスーパーバイザーもしくはエリアマネージャーの力量です。

頑張った人へのご褒美ではなく、マネージャーは「力量」で登用する

これまでの標準店展開においては、エリアマネジャーといった役職は、頑張ってきた店長にご褒美的に与えられているケースも多かったと思われますが、一番店を多店舗化するときは、それでは通用しません。経営者層と同じような考え方ができ、エリアを一つの会社として動かせるくらいの力量の持ち主が起用されるべきです。

ラインスタッフ部門もその力量が問われる

　このライン部門を支えるラインスタッフ部門の役割と力量も問われます。会社によっては、ローカライズ商品の仕入れは各店舗が独自に行なっているところもあるでしょうが、それは企業規模が小さい段階での対応です。多店舗化をすすめるときは、ローカライズ商品の取引先（仕入先）開拓および発注は、商品部に集約させるべきです。

　ただしローカライズ商品のマーチャンダイジングを企画するのは店長であり、決定するのはエリアマネージャーという構造にすべきですから、商品部は店長およびエリアマネージャーの意向にもとづいて取引先開拓や条件交渉、実際の仕入れ業務を行なうようにします。

　ディストリビューターやそれを支える情報システム部も、従来のチェーン店では機能していないケースが多いものです。ディストリビューターは、本来あるべき、店舗ごとの商品販売データや在庫状況などの数値をひたすらチェックし、統一商品のマーチャンダイジングや店舗ごとの投入数を定め、さらにはローカライズ商品についてのアドバイスを行なう高度な部署になる必要があります。なお、そのためにはビッグデータの活用が不可欠になるでしょう。

■職務における役割・能力

　職務ごとの役割について整理しておきます。

スーパーバイザー＆エリアマネージャー

　地域一番店のポイントは、ローカライズにあります。そこで重要な役割を果たすべき存在がスーパーバイザーでありエリアマネージャーです。

1店舗の売上が3億円未満の店舗業態では10店舗程度を束ねるスーパーバイザーが、1店舗売上がそれ以上の大きな業態では3〜5エリアの店舗を束ねるエリアマネージャーが、それぞれ機能しているかどうかが生命線の一つとなります。
　標準店を多店舗化している会社のスーパーバイザーやエリアマネージャーは、店長の延長線上に位置する名誉職的になっていて、マネージャーや意思決定者として機能していない例が多く見られます。最悪の例として、欠員が出た店舗のサポートとして現場の補助に入るなど、単なる労働力の提供者にとどまっているケースも散見されます。
　標準化された仕組みだけで回っており、意思決定や判断を下す機会が少ないために、このような実態を招いているものと思われます。
　しかしそれぞれの店舗をローカライズし、地域一番店に育てるには、本来のマネージャーとしての力量が問われることになります。エリアが独立した場合、その経営者が務まるくらいの能力の持ち主でなければなりません。もちろん人格的にもすぐれていることが求められます。
　プレイヤーとして優れていても、マネージャーとしては疑問符のつく人がこの位置にきてはいけないことを、トップ層は認識しておくべきです。経営者的能力をもつ人を育成することが重要なのです。

【スーパーバイザー＆エリアマネージャーの主な役割】
・全社方針の落とし込みと基準の徹底
・エリアローカライズ方針の決定
・担当各店舗の在庫責任
・担当店舗のローカライズMDの意思決定
・数値計画立案およびその管理責任
・予算の確立と執行
・不振店の活性化

- エリア人事の決定
- 店長へのアドバイス

ストアマネージャー

　標準店のチェーンストアとくらべると、ストアマネージャーの責任も権限も大きくなります。自店の立地、競合状況、顧客層に合わせて地域一番店づくりを最前線で考えるのが、店長の重要なミッションです。

　標準店の場合は、ある程度、年功序列型で回すことができます。年功部分のパワーで従業員を動かすことができるからです。しかし地域一番店をつくる責任者となると、そうはいきません。年齢や年功ではなく、次のような能力において全員が納得する人をもってくることが必要です。

- 考える力
- 計画を実行に移せる実行力
- 従業員を従わせるマネジメント力

　特に「考える力」の重要度が、標準店との大きな違いになります。店舗ごとのローカライズ、マーチャンダイジングの構成立案、商品部やディストリビューターからくる標準マーチャンダイジングと在庫に対する意見など、考える能力がさまざまな面で要求されます。四半期（13週）ごとの基本的な店づくりもできなければなりません。

　店舗売上3億円未満の業態においては、売場チームの役割として、四半期方針にもとづきながら52週の売場づくりを行ない、商品消化（販売）の強化、ディスプレイ、商品見切りなどもストアマネージャー業務として実施していかなければなりません。

【ストアマネージャーの主な役割】
・全社方針の落し込みと店舗サービス基準の徹底
・ローカライズマーチャンダイジング企画
・数値目標設定・管理
・四半期（13週）ごとの基本売場方針決定
・店従業員マネジメント
・客層分析・データの読み込み
・在庫管理
（小規模店舗の場合、上記にプラスして）
・四半期方針にもとづく52週の売場づくり
・ディスプレイ
・商品見切り（値下げ）コントロール

売場チーフ

　店舗の売上規模が大きく、カテゴリーが分かれている場合は、それぞれの売場を統括する売場チーフが必要になります。
　特に重要なのがローカライズマーチャンダイジングの検討、店長の四半期ごとの店舗マーチャンダイジング方針に基づく52週の落とし込みです。
　また、エンドの使い方、商品の見切り、部門店頭在庫の管理責任なども担います。日常の受発注における商品部との連携も欠かせません。

【売場チーフの主な役割】
・担当売場方針の決定
・52週の売場づくり
・ローカライズマーチャンダイジングの検討
・担当部門数値目標管理

・部門在庫管理

バイヤー＆商品部の役割

　小規模チェーンの場合、ローカライズ商品に関しては売場チーフや店長が直接業者の開拓や値段交渉を行なうこともあります。自分の責任で仕入れたものは自分で売り切るというやり方で、それがうまく機能している会社もあります。

　けれどチェーン化を図る場合、バイイングパワーと物流を含めた商品供給は重要なポイントになりますから、取引先の開拓や商品の受発注、値段交渉は、バイヤーや商品部の役割として集約すべきです（当然ながら標準品も同様です）。

　ローカライズ商品のマーチャンダイジング決定権限は、あくまでも店側にあることを再度確認しておくことです。

　なお、PB商品やASP型の場合、バイヤーには商品企画機能や製造元に対する品質管理の機能も問われます。特にアパレルなどでは、別途、商品企画におけるデザイナー業務が役割として発生します。

【バイヤー＆商品部の主な役割】
・取引先開拓および値段交渉
・統括発注
・部門在庫・消化状況の分析
・商品企画、品質管理（PB商品やASP型の場合）

情報分析＆ディストリビューター

　今後のチェーン店において重要な役割を果たす部署の一つが、情報分析部門でありディストリビューターです。船井総合研究所では、経験則から、売上高が100億円規模になると、とりわけディストリビュー

第7章　組織体制と人材育成の基本

ターがしっかり機能しなければならないととらえています。

　従来のディストリビューターは、物流業務と兼任で在庫管理の役割を担ったり、在庫過多など非常時の対応役であったりしたものです。

　本来のディストリビューターは、情報システム部から上がってくるデータ的な側面をしっかりと分析する能力をもち、各エリアや店舗の傾向を理解した上で、標準品の送り込み在庫数を決定する権限を持つべき存在です。アパレルのような比較的在庫回転率の低い商品群については、店舗間移動やマークダウンの指示を的確に出すコントローラーとしての役割も担います。

　そのため昨今注目を浴びているビッグデータの活用や、単品ごとの店頭在庫と販売状況がつかめるシステム運用が欠かせないのですが、機能している会社は少ないのが実態です。

　地域一番店の多店舗化というハードルの高い仕組みづくりの前提として、売上全体の60〜70%を占める共通商品の徹底分析、在庫処理方針がしっかり運用できていなければなりません。その上ではじめて地域に根ざしたローカライズ商品が生きてくることを、よく認識しておくべきです。

【ディストリビューターの主な役割】
　・各店舗、エリア、全社の商品販売動向分析
　・標準品の基本マーチャンダイジングの決定
　・標準品の店舗特性を加味した送り込み在庫数の決定
　・標準品の店間移動、マークダウンの指示
　・在庫・消化状況の分析

リサーチャー＆店舗開発

　オーバーストアの時代に入り、多店舗化において重要度が増してき

ているのが「立地」です。自社に適した"勝てる立地"を選択できているかどうかが、勝敗の分かれ目になっています。船井総合研究所では、立地を差別化の最重要項目としています。

　特に今は、郊外のショッピングセンター開発も進む一方で、高齢化によって商店街立地や駅前・駅中立地が見直されるなど、立地の選択肢が大きく広がっています。それだけに立地の目利きができる、不動産のプロが大きな役割を果たすようになってきているのです。

　ただ、立地の選択肢が広がる一方で、人口減少と高齢化によって購買力は低下していますから、勝てる立地は少なくなっているというのが実態です。少々家賃が高くても、よい立地に出ていくという選択が、長期目線で見れば正解になるでしょう。そういう判断ができる不動産のプロは、多店舗化に欠かせない専門職です。

　合わせて、競合情報やベンチマーク企業の情報を把握・分析するリサーチャーも不可欠です。立地のプロがリサーチャーもかねるのがベストです。この面の人材育成ができれば、その企業の多店舗展開スピードは一気に上がるでしょう。

　地域一番店ではスクラップはあまり行なわないのが基本ですが、とはいえ立地環境の変化によって不採算店舗がどうしても出てくるものです。その際の店舗移動、あるいは旧立地での新業態開発も、店舗開発とリサーチャーの役割になります。

　それほど高い能力が求められる専門職であることを認識した育成が必要です。

【リサーチャー＆店舗開発の主な役割】
・新店開発（特に立地開発）
・出退店の判断
・競合情報の把握・分析

トータル人事制度とは

下記は、マネジメント制度の全体像とその関連性を表したものです。とくに重要なことは、ビジョンや理念、そしてその組織が伸ばすべき強みが、まず中核にあることです。そこから組織と経営目標とそれぞれに分かれながら、最終的に各仕組みが連動してくるところにポイントがあります。すべてがバラバラに動くのではなく、一つの筋を通した流れをつくることにより、従業員も意識的にさらに無意識的にその方向に動くようになります。

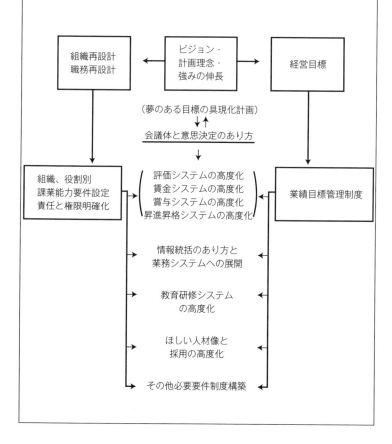

- ベンチマーク企業の情報把握・分析
- 旧立地における新業態開発

■トータル人事制度構築のすすめ

　現場マネジメントではメンバーの「自主性の発揮」と「高いモチベーションの維持」が欠かせませんが、それには教育、評価、昇進・昇格などを含めたトータルな制度設計との連携・連動が必要です。

　まず重要になるのは、先にも述べたとおり、会社がどのような方向性に進みたいのか、何を大切にしているのかというビジョンと計画です。これがすべての根幹となります。ビジョンと計画が明確であってこそ、必要な組織機能と役割、業績などの定量目標も明確になってきます。

経営ビジョンに適合する組織をデザインする

　組織設計によってもたらされる大きな効果は、果たすべき役割や必要とされる能力といった定性的項目が明確になることです。これが明確になると人事制度の多くの面がクリアになります。

　各段階で必要な能力に適合する教育を実施でき、試験やランク付けも行ないやすくなります。求める人材像も明確になりますから、欠けているポジションにも的確な人材を採用できるようになります。発揮してほしい能力が明確であれば、評価や賃金に連動させることもできます。

　いくら能力を発揮しても数値目標が達成できなければ従業員への還元は行なえませんが、達成すべき数値目標との連動させることができ、ランクに応じた責任範囲も明確にすることができます。

　トータル人事制度とは、つまりは会社が向かいたい方向に適合する

組織デザインをサポートする仕組みなのです。

　人事制度をバラバラに作成している会社を見かけることがありますが、トータルに考え、全体が連動できるようにすることが重要であることを、よく理解してください。

■役職とキャリアアップに関する考え方

　これからの時代は、本部で統一的にコントロールする部分と、ローカライズで勝ち抜く部分と、この二つの要素が必要になってきます。

　これまでの一般的な標準店では、本部に優秀な人材を集め、中央集権型で経営していればよかったでしょうが、それは通用せず、地域ごと店舗ごとでも高度な戦略を立てていくことが要求されるのです。

　情報技術の発達とともにあらゆるデータが取れるようになっていますが、それを読み解くのは人間です。専門的人材はますます欠かせな

キャリアアップとコースの明確化

等級	専門職コース 組織マネジメントを行なわず、専門技術レベルを高めていくキャリアアップ	管理職コース チーム、課、部など組織マネジメントを行なうキャリアアップ	経営幹部
7等級			取締役
6等級		部長	執業役員
5等級	専門課長	次長	
4等級	主任	課長	
3等級	一般		
2等級	一般		
1等級	一般		

（技術レベル↑　マネジメント能力↑）

くなっています。

キャリアコースも、より専門性を高める"専門職コース"と、メンバーの力を発揮させ現場を一体化させる"管理職コース"の2コースに明確に分けたコース設計が必要です。

それぞれの「プロ」を育て登用する

これまでのような、店長として実績を上げたからスーパーバイザーやエリアマネージャーに昇格させるという発想はやめましょう。

自らが先頭に立って率先垂範し、全員を強引に引っ張っていく豪腕型店長は、単独店舗では高い実績を残すかもしれません。そのような人材は必要ですし、処遇もすべきです。しかしながら、そういう店長が多くの店舗を統括し指導する立場で成功するかといえば、そうではありません。本部の考えを現場に落とし込むだけでなく、自分たちで考えて実践する力が求められますが、現場の"自主性"を引き出すマネジメント能力は簡単に身につくものではないからです。

ディストリビューターや情報システム部署、リサーチャーや立地対応のプロなど、高度な能力を要する専門職の強化も必要です。そういった人材の育成や評価がしっかりとなされるキャリアコースの設定と育成体制、評価の仕組み、賃金体系などが必要です。特に専門職については、メンバー数は少なくても"超プロ"として社内でも認められ、処遇される仕組みが望まれます。

■ミッションと評価指標の設定

組織設計ができたら、次の段階として「組織ミッション」をつくります。

組織ミッションとは、その組織が何の目的で存在しているかを、構

成メンバー全員が理解し、それに向かって行動していく中核となる考え方のことです。

具体的な遂行目標を策定する

　店頭接客を例にしてみます。店舗に、自分たちの組織のミッションを考えてくださいというと、「顧客満足度100％を目指す」というような答えが上がってくるでしょう。けれど顧客満足度を高めるのは当たり前のことです。ミッションとしては弱い。もう一段落とし込まなければ組織ミッションにはなりません。

　「お客様をお待たせしない」「欠品が生じないようにする」「どんな質問にもお答えできるようにする」などとすれば取り組みが変わります。「お待たせしない」ことはオペレーション向上意識を引き出しますし、お客様への声掛けも工夫するようになります。

　このように、会社が目指していることについて、それぞれの組織では具体的にどうやって遂行するかというところまで落とし込むことです。それが、その組織のミッションになります。

　組織ミッションがない部署は、残念な組織になります。目指すものがないのですから、工夫も生まれないし、新しいチャレンジも出てきません。すると人間は基本的には変化を嫌いますから、昨日、1か月前、1年前とずっと同じ行動をします。

「指標」をもとに行動をチェックする

　そこで、行動をチェックするためのKPI（Key Performance Indicator＝重要業績評価指標）を設定しておきます。「お待たせしない」のであれば、レジに並んで支払いが終わるまでの時間を「ピーク時でも○分○秒以内とする」などと具体的にしておくのです。

　ビジョン達成に向けて起こる行動変革、その行動をKPI化し数値

でチェックする体制。これが整えば現場には変化が生まれ、自分たちで検証もできます。そこに、それを褒める評価体制が連携していけば、現場の行動変革は定着化しモチベーションは上がってきます。人は変化を嫌う反面、人として成長することに高いモチベーションを感じるものです。

このようにわかりやすい組織ミッションを掲げ、メンバーに深く落とし込みがなされている組織体は、強くなります。なお、いうまでもないことですが、会社の方針やビジョンに外れることをミッションにしてはいけません。注意事項として念のために記しておきます。

組織のリーダーは、「組織ミッション」「行動変革」「KPI」の連動と運用について、しっかり認識しておいてください。

■社内共通言語化

ビジョンやKPIの設定とともに重要なのは、社内の共通言語化です。さまざまな人種が入り混じっている欧米では、意識を統一させるためにも社内共通言語は欠かせないものになっていますが、日本語ですべてが通じる日本では、共通言語を甘く見ている会社が多いのが実情です。

たとえば「粗利率」という言葉はどこでもよく使われますが、それが何を指すのか、従業員全員が同じように認識している会社は少ないものです。そのため、「粗利率を上げよう」といっても、そこに含まれている項目要素の認識が異なり、取り組みの方向も異なってしまうことになりがちです。

流通業の場合、「粗利額＝売上高－商品仕入高」「粗利率＝粗利額／売上高」の公式で表されますから、簡単だと思われるかもしれません。しかし値引き販売分や在庫を廃棄処理した分はどう扱えばいいので

しょう。そこまで考えれば、それほど簡単ではなくなります。そして多くの場合、こういう曖昧さを残したまま、「粗利率を上げる」「粗利ミックス」などといっています。本当の粗利率や粗利額をつかめないままに、です。

曖昧さを残さず、明確な意味を"ことば"化する

共通言語化とは、基本的に数字を基点として、それに関わる内容を社内で共有化させることです。「粗利率を上げろ」といわれても、仕入れを頑張るのか、値引きを抑えるのか、廃棄ロスを抑えるのか、その基準が明確になっていなければ適切な施策が講じられません。行動がバラバラになってしまいます。共通言語化に問題があるからです。

言語は、その人の思考を規定します。人類の発展に"ことば"の発明があったことはいうまでもないことです。社内共通言語とは、どのような言葉で何を意識・認識させるかということです。その効用と重要性をここでよく理解してください。

社内用語一覧やKPIを含めた数値とその意味の徹底は、組織一体化に欠かせないものです。入社時からそれを教え込むようにしてください。

■採用力の向上と現場環境の向上

これからの日本は、長い目で見れば労働人口の減少による"人材不足"が大きな課題となってきます。特に流通業では現場を支える現業系従業員の確保は、売上を左右する大きな課題ととらえておくべきです。

必要人数を確保できない会社は、人数不足によって現場のサービスレベルが落ちます。残業や休日出勤が慢性的に発生することになり、

労働環境も悪くなります。そうなると現在働いている人たちの離職率も上昇し、結果、残る人たちにさらに負担がかかるという悪循環に陥ります。派遣会社などに人の手配を依頼すると人件費コストは高くなり、それでなくても低い利益率がさらに圧迫され、今度は賃金面で従業員に報いることができなくなります。

「採用」「定着」「育成」に強い会社が業界を制する

　これが流通業の厳しい実態となりつつあります。裏返せば、これからは「採用力」「定着力」「育成力」の3要素において強い会社が業界を制すると予想されます。

　船井総合研究所は、人の採用に関して、マーケティング要素を取り入れてもらい実績を出しています。つまり応募していただくことと、店舗に買いにきてもらう流れは非常に似通っており、その発想にもとづいてしっかりとした戦略と実行プランを立て、費用を投下していくと、欲しい人材が欲しい人数だけ採用できるようになってくるのです。

　自らそれをしないで外部業者に丸投げしているところは、人材採用コストばかりが増えて結果が出ないだけでなく、社内にノウハウもたまらないことになります。これからの流通業において、人事部には、マーケティング発想が重要になってくることを理解しておいてください。

■会議体のあり方とコミュニケーション力の向上

　長時間の運営と多くの従業員を必要とする流通の現場では、情報伝達の方法や会議体のあり方にも工夫が必要となってきます。
　まず会議に関しては、会議の目的と参加者、実施時期と時間を明確に決めることが必要です。忙しい現場においては、会議というものが

なおざりされやすく、会議不要論さえ出てくることがあります。しかし会議事体は、PDCAのすべての場面で欠かせないものです。

会議の場をもたないのは「考えて動く」の放棄と同然

たとえば現場改善も、時間を取って周りの人の意見も聞きながら実施すると非常によいものになります。会議の場がないと、現場は考えることすらしなくなります。会議の場をもたない会社は、考えて動くということ自体を放棄し、ロボット的に動く組織、もしくはバラバラな動きをする組織に陥りやすいのです。

また、伝えるべきことをきっちりと伝え、徹底させるのもフォーマルな場で行なうべきです。ですから戦略的な投資として、会議の時間をもってください。

会議以外でも、日常の情報を伝達する仕組みが欠かせません。特に、

ビジョンとミッション設定のポイント

● **組織ビジョンの設定**

　ポイント　①組織のリーダーが全社ビジョンにもとづいた
　　　　　　　組織ビジョンをもつこと
　　　　　　②顧客接点活動を基点としてビジョンを考えること

● **具体的なミッション策定における注意点**

たとえば、「顧客満足度を高める」→　×（顧客満足度の規定が曖昧）

それよりも、以下のような具体性が必要
・いつきても欲しいものが揃っている（欠品がない）
・お客様を待たせない（処理スピードの向上）
・お客様の要望に徹底的に耳を傾ける（コミュニケーション力向上）
・お客様に新しいライフスタイルの提案を行なう（提案力）

流通業は勤務形態が複雑ですから、従業員全員を集めて情報を伝えていくのは困難です。情報伝達ノートや掲示板の活用、あるいは自分たちが推進していることが一目でわかるような壁紙管理の工夫も必要でしょう。

　壁紙管理の例としては、クレームの撲滅を重視している会社では、クレームの内容とそれへの対応を壁に貼り出しています。従業員同士の協力を重視している会社では、「ありがとうカード」でほかの従業員へのお礼を伝えたり、お客様からの喜びの声を伝えたりしています。

　情報伝達は、目的に応じて工夫が必要ですが、工夫することが現場を活性化させ、一体化や考える組織づくりの源泉になります。たえず工夫し続けることが重要です。

第 **8** 章

負けない仕組みとしてのマネジメント

店舗経営としてのマネジメントが盤石でなければ元も子もありません。本章では、最低限知っておきたい経営指標などについて解説していきます。

■顧客関係管理の基本

多店舗展開を進めていくなかでは、ブランドのファンも出てくるため顧客管理が必要になってきます。

国内小売業では古くから優良顧客の管理が行なわれていましたが、百貨店の外商担当者に見られる完全個別対応のような職人芸的な管理が中心でした。

市場の成長とともに新規顧客の獲得を主体とするマスマーケティングが拡大し、顧客との関係性はある意味では希薄になっていきましたが、市場が成熟すると個体識別マーケティングによる既存顧客の維持・育成へとシフトし、再び顧客との関係性に注目が集まってきました。そのなかで顧客との関係性そのものを管理しようとしたのがCRM（Customer Relationship Management）といわれる手法で、1990年代後半からさまざまな業界で取り入れられています。

多頻度利用者に特典を提供する

実際にはシステム会社によるCRMパッケージの展開が中心になっていますが、小売業ではFSP（Frequent Shoppers Program）が身近な取り組みとして実施されています。

FSPとは、自社の多頻度利用者に向けた特典提供プログラムです。

原型は航空会社のFFP（Frequent Flier Program）で、第1号はアメリカン航空が1981年5月1日からサービスをはじめたアドバンテージ・プログラム（現在のマイレージサービス）とされています。

このプログラムは、航空会社が多頻度に自社便を利用する常連顧客に対して、飛行距離（マイレージ）に応じて無料航空券などの特典を提供するサービスです。

国内の FSP の原点はおそらくグリーンスタンプ株式会社（1961 年創業、スタンプ事業を開始）の取り組みで、対象店舗の利用顧客が購入時にスタンプをもらい、スタンプ帳がいっぱいになると景品や無料のサービスが受けられるというものです。今も多頻度利用顧客をつなぎとめる仕組みの一つとして機能しています。
　このスタンプは同社のサービス加盟店であればどこでももらえるもので、現在の国内ポイント共有サービスの原型といえます。
　航空会社の場合は、個体識別のために自社カードを発行し、顧客が利用した飛行距離によって各種特典を提供しますが、小売業の場合は自社店舗への来店・購買回数、積算購入金額によって特典を提供します。いずれも多頻度利用顧客を優良顧客ととらえ、彼らを優遇し維持・固定化しようとするプログラムです。

優良顧客の維持・固定化を図る
　このプログラムの背景には、パレートの法則（2：8の原則）、つまり2割の優良顧客が売上の8割を形成するという考え方があります。
　つまり FSP は売上（利益）に貢献する優良顧客を識別し、彼らにより多く還元することによって維持していく、それを最大の目的とする仕組みなのです。
　優良顧客への優遇措置を登録顧客に伝えることでランクアップに対する期待値を高め、近いステージの登録顧客を育成していくことも適応範囲ですが、新規顧客を獲得する仕組みではありません。
　新規に顧客を開拓するには、大量の宣伝広告費とともに企業名やブランドを認知してもらうための多大な労力とコストがかかります。新規顧客を獲得するコストは、既存顧客を維持するコストの5倍を要するといわれますから、新規顧客よりも既存顧客にきちんと対応するほうが企業収益に貢献します。FSP は最も貢献してくれるのが多頻度

利用してくれる優良顧客であると位置づけており、これが FSP の原点なのです。

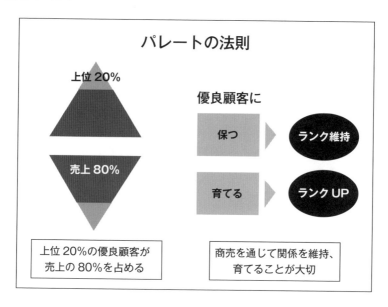

優遇すべき顧客を割り出す方法

　優遇すべき優良顧客を見つけるためのアプローチが RFM 分析です。R（Recency）は最新購買日や最終購買日、F（Frequency）は購買頻度・回数、M（Monetary）は購入金額を意味します。顧客情報から R、F、M のデータをもとに顧客を分類し、顧客の傾向別に対応策を施すものです。

　ただし RFM 分析は顧客を分類するだけで、優良顧客の条件は会社によって異なりますから、自社で条件を検討し決めておかなければなりません。すべての顧客に同じように対応するのではなく、ランクに応じてフォロー方法は異なりますし、しかも自動処理的な対応になりますから、ランク区分とランク別の対応については明確にしておくこ

とが必要です。

「利便性」「お得感」「ステイタス」が自社カードの価値を高める

還元の基本はポイントになりますが、単独付与型ポイントはすでに飽和状態になっており、提携を前提とした共有ポイントが拡大しています。提携拡大によってポイントの通貨価値が向上していますから、還元方法の検討にはその点を考慮しなければなりません。

加えて、顧客は保有するカード枚数が多くなりすぎると、さらに保有するのを敬遠しがちになりますから、自社カードの保有価値を高めていくことも必要です。

自社カードの価値を高めるには、「利便性」「お得感」「ステイタス」の三つを感じさせることです。

顧客関係管理は、顧客の名称、住所、購買履歴を必要なときにいつでも使用できる状態に管理する「データベース機能」と、それらを有

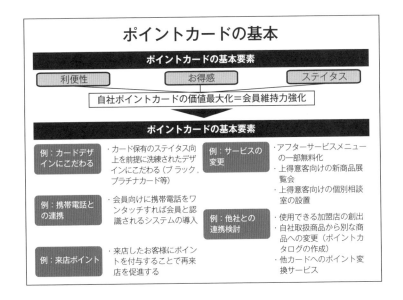

効に活用して優良顧客にアプローチし、売上・利益拡大に貢献させる「方策立案支援機能」の二つをもたなければなりません。

ともすれば「手段」であるデータベース管理が「目的化」してしまい、本来の目的である優良顧客の維持・育成に寄与しなくなりがちです。注意してください。

■収益管理のための基本指標づくり

優れた思想の店舗であっても、ほんのわずかな資金的な躓きがきっかけで、体力が奪われていくことは少なくありません。

金を儲けることに後ろめたい思いをもつ経営者もいますが、企業は儲からなければ存在し続けられないのです。ハーバード大学のマイケル・ポーター教授は「企業の目的は利潤の最大化」、ピーター・ドラッカーは「利益は企業存続の条件であり、天使が社長になっても利益には関心をもたざるを得ない」と明言しています。

企業は利益を追求すべき、だから指標が必要になる

2011年のダボス会議でポーター教授は、「社会的価値と経済的価値を同時に実現するという共通価値の創造（Creating Shared Value）」を提唱しています。企業が社会に貢献し利益を出すこと、収益を上げることは当然のことだとしているのです。

収益を上げる仕組みを理解し、指標を用いて管理していくことは、必須のことと理解ください。利益を出し続ける健全な経営体質を目指し、それに向かって進んでいくための測定指標をもつことで、負けない仕組みがより強固なものになるのです。

「損益計算書」「貸借対照表」を活用する

自社の収益を管理するために基本指標を設定する前提として、まず決算書を利用することをおすすめします。

会社の成績表である決算書は、納税申告書類の要素が強いため、あまり活用していない方も多いようですが、一般的な経営分析は決算書を前提に実施されるものです。

決算書とは「損益計算書（Profit and Loss Statement、P/L）」と「貸借対照表（Balance sheet、B/S）」などの財務諸表のことです。

「損益計算書」は、一定期間にどれだけ売上を上げ、どれだけコストがかかり、結果としてどれくらい利益を上げ方を示すものです。通常業務の範囲であれば、営業利益までの範囲をきちんと確認することが必要です。

「貸借対照表」は、一定時点（決算時など）に会社はいくらの財産（資産）をどういう形態で保有し、そのためにいくらの借金（資本）があるかを示すものです。「どうやって資金を集めたか」と「集めた資金を何に使ったか」が把握できる構造になっています。

「収益性」「成長性」「安全性」を見る

決算書を利用して管理をしていく上では、「収益性」「成長性」「安全性」という経営分析の三つの観点から指標を検討していくとよいでしょう。

高度な分析ではなく、日常業務と親和性のある要素をしっかりと管理していくことが大切です。

①収益性指標

企業が稼ぐ力を評価するものとして、まず「収益性指標」を検討してみましょう。

日常的に管理する指標としては、売上高、売上総利益（粗利益）、売上高営業利益率があります。
　売上総利益（粗利益）は、売上高からその仕入にかかった費用（変動費）を差し引いたもの。売上総利益率は、売上高のうち粗利益がどれだけ占めるかを表したものです。売上高営業利益率は売上高に対する営業利益の割合で、営業活動を通じて企業が儲ける力を示します。企業の収益性の良否がわかります。

①販売費＋一般管理費（＝経費）：売上をつくるためにかかった費用、使った金額＝経費
②営業利益（純利益）：残った金額・儲け

　企業活動において大切なことは、営業利益を出しきることです。
　日常活動でそれを管理していくには、売上原価、販売費、一般管理費の１年間の平均的な動きをつかんでおき、月当たりのコストに目を向けていくことです。

②成長性指標

　次に、「成長性指標」です。「成長性指標」によって、企業が健全に成長する力をもっているどうかを評価することができます。目標管理の原点です。
　収益性指標とオーバーラップさせ、「売上」「粗利益」「営業利益」を用いて「売上高成長率」「粗利益成長率」「営業利益成長率」を確認する習慣をつけましょう。
　一般的には「増収率」や「増益率」といわれるもので、増益率は前期に対する経常利益の伸びを見るのですが、短い期間の評価は営業利益までの範囲で十分です。週ごと、月ごとに前年比を追うのはすでに

定着しているでしょうから、違和感はないはずです。

③安全性指標

最後に、「安全性指標」です。企業の基礎体力を評価するものとして設定します。

安全性は主に貸借対照表を使って整理しますから、年次比較をしていくことが前提になります。短期の確認には向かないのですが、傾向をつかんでおくことは必須です。

この領域では、「自己資本比率」「流動比率」「固定比率」は把握しておきましょう。

「自己資本比率」は、「総資本のなかに自己資本がどれだけあるか」を測る指標です。これが大きいということは支払い（返済）を要しない資金が大きいということになります。

一般的に銀行が融資してくれる間は命をつないでいけますが、支払い資金が調達できなくなったら企業は倒産します。自己資本比率が大きいということは、このリスクが最小であることを意味しているのです。

「流動比率」は、短期的な支払い能力を見るものです。「流動資産÷流動負債×100」で求められ、200以上あるとよいとされますが、現実的には120〜140％レベルが多く、おおむねこの水準で健全と考えるべきでしょう。

「固定比率」は、固定資産に投資した資金が自己資本でどれだけまかなわれているかを見るための指標です。「固定資産÷自己資本×100」で求められ、100％以下であればよいとされています。

土地、建物等の事業として長期にわたって利用していく固定資産は、本来は返済する必要がない自己資本でまかなうべしという考え方に従ったものです。

「資金繰り」についても理解しておく

これらに加えて、主に経理業務である「資金繰り」についても理解しておきましょう。

資金は、人間の体を流れる血液にたとえて、血液（資金）が体内（会社組織）を循環することによって、臓器や器官（各部門、業務）を健全に機能（運営）させることができるといわれます。

資金はその使い方や頻度、回収までの期間によって区分され、代表的なのは「運転資金」と「設備資金」です。

「運転資金」は、原材料や商品の仕入れや、諸経費、給料、電気代など日常の支払い関連業務で使用する資金をいいます。

「設備資金」は、工場や事務所、店舗そのものの調達や内装代、事務所などを借りる際に用いる資金をいいます。

運転資金をショートさせないように

運転資金については、商品を発注して販売から売上金回収に至るまでのサイクルに注意してください。回収した資金をすぐに再投入してしまうと、資金不足に陥る可能性があります。

たとえば家電製品販売店で、夫が営業、妻が経理だとします。

営業をしている夫は、8月1日に新型テレビを50万円で仕入れました。支払いは翌月10日という条件です。

8月10日に、そのテレビを100万円で販売できました。代金は翌月末払いという条件です。

夫は50万円儲かったから祝杯をあげたいと、妻に飲食代を要求したところ、それどころか手元に現金も預金もなく、「9月10日に支払う仕入代金50万円が足りない」といわれました。あわててほかの代金回収にかけずり回り、なんとか工面しましたが、9月10日までに支払資金が調達できなければ履行遅滞となり、倒産に向かうところで

した。

　夫は「損益計算」、妻は「収支計算」という異なる立場から業務を見ているために生じた事態です。

　損益計算は「発生主義」で、売上や仕入れが発生したときに収益と費用を認識し、実際の現金取引がなくても計算上は取引があったものとして判断されます。

　一方、収支計算は「現金主義」で、実際の資金の動きを計上します。

　このように、売上を上げる力はあっても、資金の管理については弱い経営者は少なくありません。

　管理指標を持たずに経営している、これが大きな問題なのです。経営者なら、帳簿そのものは自分で処理できなくても、資金の動きはつかめるようにしておくべきです。本質を理解しないまま「一生懸命頑張る」という姿勢は、市場が成長しているときならまだしも、成熟市場においてはリスクが大きくなります。

　経営者が個人資産を投入してなんとかしのげるのは１店舗のうちです。複数店舗をもてば支払金額も大きくなり、個人ではどうしようもなくなっていきます。

　日常業務のなかで管理できる指標をもってマネジメントしていくこと、それが自社を守ることにつながることを、よく理解しておいてください。

■コスト構造とコストコントロール

　事業におけるコストとは、売上・利益を創出するために使った費用です。言い換えればコストを投入してリターンを得るのが事業です。

　事業を投資対象としてとらえ、「この事業に投資して果たしてリターンはあるのか」という視点が常に必要です。そのレーディング（投資

判断)を支えるのが、売上・利益という財務成果だと認識してください。

投資利回りが銀行金利よりも高くないなら、銀行よりも不確実性が高い事業に投資する意味は薄れます。事業利益を出しきることが大切なのです。

「コストの使い方」が「儲け方」につながる

ハーバード大学のマイケル・ポーター教授は、競争優位を築く三つの基本戦略を提唱しました。「コスト・リーダーシップ戦略」「差別化戦略」「集中戦略」です。

この考え方から学ぶべきことは、「事業で同じことを実施するなら、コストが安いほうが利益を出しやすいため有利になる」ということです。そう、いたって単純なことです。

事業でリターンを得るためのコストの使い方には、その企業の戦略、すなわち儲け方が鮮明に出るものです。同じ業界の企業の大まかなコストの使い方(コスト構造)を比較すると、それぞれの企業がどのようにして儲けようとしているのか、把握することができます。

次のアパレル業界大手2社のコスト構造を比較してみると、いずれも営業利益は大きいのですが、コスト構造はまったく異なっています。

Bは売上原価をある程度使い、その他販管費を低く抑えて利益を生み出しています。Fは売上原価を抑制して利益を生み出しています。

営業利益は同じくらい生み出していても、コストをかけるところは異なります。儲け方が異なっているのです。

このような比較を前提としてコストを可視化し、コスト構造をつかみ、どこに着目すべきか検討してください。

「固定費」と「変動費」を区分してコントロールする

コストを見る視点には「静態的分析」と「動態的分析」との二つが

あります。

　勘定科目別に見るのは、業界他社との比較などからある程度の傾向をつかむのにはいいのですが、なんらかの意思決定をする場合は、機能・目的別に整理したほうがいいでしょう。判断ミスが少なくなります。

　コストは、使うのを止める意思決定をすれば削減そのものは難しくありません。けれど事業にダメージを与えないようにコストコントロールをしていくためには、かかっている全コストを「固定費」と「変動費」に分けて整理することからはじめましょう。

- 「固定費」とは、事業を行なっていく上で、売上高や販売個数の増減に関係なく一定に発生する費用で、ほぼ毎月決まって支払う必要のある費用です。
- 「変動費」とは、売上高や販売個数の増減に応じて増減する費用です。
　　財務諸表上、固定費と変動費は区分されていませんから、区分するには、財務諸表上の数値からの仕分けが必要になります。

　地代・家賃のような固定費は、基本的に売上に影響しない費用ですから、できる限り安くなるよう交渉しましょう。

　変動費であっても、売上に対して相関がない、もしくはきわめて弱い場合は、固定費化しているから削減できる、正しく機能していない可能性があると考え、実態をさらに掘り下げて検討してみてください。固定費化している変動費は、それが広告宣伝費であっても削減によるダメージがない場合もあります。

　リターンを得るためのコストの使い方ができるように、普段からコストを意識してください。P/L等を活用してコストコントロールしていく習慣をつけたいものです。

■大切な指標「ジムロイ（Gross Margin Return On Inventory）」

　多店舗展開をしていく小売業はジムロイ（GMROI：Gross Margin Return On Inventory）という指標を重要視していくべきです。
　GMROIとは「商品投下資本粗利益率」のことで、平均在庫投資額に対して粗利益額がどのくらいあるかという、在庫回転に着目した小売業経営の重要指標の一つです。

・いつ、いくらで仕入れて、その在庫と販売数は？

GMROIを求める式は、以下のようになります。

GMROI＝粗利益額÷平均在庫投資額（原価）
＝粗利益額÷売上高×売上高÷平均在庫投資額（原価）
＝粗利率×商品回転率（原価ベース）

　この式の、「粗利益額÷売上高」は粗利率、「売上高÷平均在庫高（原価）」は原価ベースの商品回転率と見ることができます。なお、「商品回転率」は一般に、1年間に商品（在庫）が何回転したかを示すものです。つまりGMROIは粗利率と原価ベースの商品回転率を使った指標なのです。
　目安としては、200％以上を確保すべきだといわれています。その200％を確保するために、粗利益率を上げるのか、商品回転率（在庫回転率）を上げるのか、それによって取り組む内容が異なってきます。すなわち、指標によって自社が取り組む方策を検討することができる

のです。

　いつ、どんな商品を、いくらで仕入れて、在庫の平均はどれだけで、どの程度売れているのか……それを管理するのは、小売店においては日常管理の範疇です。GMROIということばだけを見ると難しそうに感じてしまうかもしれませんが、財務分析の指標よりも日常業務に近いとらえ方なのです。

「交差比率」と「貢献度比率」にも目を向ける

　GMROIとセットで考える、在庫回転に関連する指標としては「交差（交叉）比率」があります。かつて小売業ではよく使用されていた指標で、商品が効率よく利益を生み出しているかどうかを見るものです。式は以下のようになります。

交差比率＝商品粗利益率×商品回転率

　GMROIは原価ベースの回転を見るため主に仕入れ（バイヤー）評価に用いますが、交差比率は販売（販売担当者）評価に用います。GMROIは原価ベースで「何を仕入れるか」を評価し、交差比率は売価ベースで「いくらで売るか」の判断材料として用いる、と理解しておいてください。

　在庫回転に関連する指標として、昨今の国内流通業では「貢献度比率」を使用するケースが多いのですが、この式は以下のようなものです。

貢献度比率＝交差比率（商品粗利益率×商品回転率）×売上構成比

　貢献度比率では、交差比率が大きくても売上構成比が小さければ貢献度は低くなり、販売効率が小さくても売上構成比が大きければ貢献

度が高くなります。売上のインパクトを考慮したものとお考えください。

「在庫管理」なくして事業マネジメントはできない

それぞれの式からもご理解いただけるでしょうが、GMROIや交差比率を算出していく上では商品回転率（在庫回転率）が欠かせません。在庫管理をしっかりしていないと、なかなか正確には把握できないものです。

業績が大きくなるにつれて在庫総量が膨らみ、管理そのものはやりにくくなっていきます。しかしながら、きちんとした在庫管理なしに事業のマネジメントはできないものなのです。

事業は投資に対するリターンを求めるものと述べましたが、いかに少ない仕入れと在庫で、より多くの利益を出すことができるかどうかです。GMROIはそれを簡易に評価するための材料なのです。

より精度の高い複雑なやり方も存在しますが、できるだけ身近な管理指標を使ったほうが現場との親和性が高まるでしょう。店頭スタッフ全員が理解しやすい定量データを使いこなしてこそ、現場の改善が進むものとお考えください。

■全社で共有すべき売場面積1㎡当たり売上と労働生産性

小売業における生産性指標は、管理職だけが理解していればよいというものではなく、現場で仕事をしている1人ひとりが理解しておくべきものです。特に売場の効率、人の効率については、個々人が理解していなければ改善速度は上がりません。

そこで、日常的にマネジメントしていくべき「売場面積1㎡当たり

売上」と「労働生産性」について考えてみましょう。

売場面積1㎡当たり売上

「売場面積1㎡当たり売上」は、かつて「坪効率」といわれていた小売業の基本的な経営指標の一つで、店舗や部門売上金額をその使用面積（または坪数）で割った、単位面積当たり売上高です。

小売業では尺、坪という旧制度の度量衡を使用する慣習が根強く残っているため坪当たりで見ることが多かったのですが、経済産業省が実施している商業動態統計では、売場面積1㎡当たり売上として記載されています。

平成26年7月1日現在で実施した商業統計調査確報のデータによると、小売業の売場面積1㎡当たりの年間販売額は63万円となっています。

日本チェーンストア協会でも同様に登録会員の統計データをサイト上で公開しており、平成28年2月に開示しているデータでは売場面積1㎡当たり売上額は42,361円（対前年同月比99.8％）でした。

大きな店舗の場合、売場単位で計算してみると、売場面積1㎡当たりの売上効率の高い売場と低い売場があることがわかります。売場には一定の家賃がかかりますから、売上効率の低い売場は縮小し、効率のよい売場はもっと拡充していくことを検討します。

売上がベースになっていますから、日常管理との相性もよく、売場担当者からバイヤーまでが共有しやすい概念の一つです。

売場面積1㎡当たり売上が業界平均と比較して極端に高い場合、品出し等の作業ウェイトが高くなってしまい、結果的にコストパフォーマンスが悪くなるリスクが高まります。

また、多店舗化をしていくには特殊要件を排除し、標準化していかなければなりませんから、どの程度が妥当かをきちんと検討し自社の

目標値を設定しておくことが必要です。

労働生産性

次に「労働生産性」です。これは従業員1人当たりがどれだけ付加価値を生み出しているかを示す指標です。参照データとして有効なものに、経済産業省の「企業活動基本調査速報」があります。この調査では、「労働分配率」「労働生産性」がある程度まで業界区分して提示されていますから、自社の属する業界と照合してみてください。

「労働生産性」は、以下の式で算出されます。

労働生産性＝付加価値÷平均従業員数
　　　　　≒粗利高÷平均従業員数

これは、1人当たり粗利益高ということもできます。また、1人当たり売上高は商業統計でも取り扱われていますから、これも参考値として照合・確認していくとよいでしょう。いずれもメジャーとしてもつべき指標です。

労働分配率

経営者およびマネージャー層が理解しておくべき指標として、「労働分配率」があります。これは付加価値に占める人件費の割合を示すもので、以下の式で算出されます。

労働分配率＝人件費÷付加価値×100
　　　　　　≒人件費÷粗利益高×100

「労働分配率」は、人件費と粗利益とのバランスから経営体質を判

断する指標で、人件費の上昇に粗利益の上昇ペースが追いついていかなければ、労働分配率は悪化します。

　社員が定着し、ベースアップなどで人件費をある程度増やしていくなら、粗利益を増加させる手立てを強化しなければ労働分配率は悪化することになります。

　労働分配率は、通常30〜60％程度の範囲になります。業種や業界によって異なりますから、そのほかの参考値を知るには、「TKC経営指標（BAST）」がいいでしょう。どういうものかは、以下のとおりです。

　『TKC経営指標』（TKC全国会発行）は、全国の229,796社の法人企業の平成26年1月期から12月期決算に基づく経営分析値を収録しています。この『TKC経営指標』は、TKC全国会に加盟する職業会計人（税理士・公認会計士）が、その関与先である中小企業に対して、毎月企業に出向いて行う「巡回監査」と「月次決算」により、その正確性と適法性を検証した会計帳簿を基礎とし、その会計帳簿から作成された「決算書」（貸借対照表・損益計算書）を基礎データとしています。なお、これらの決算書は、そのまま法人税申告に用いられています。（『TKC経営指標説明』より抜粋）

　自分の店舗の実態を可視化し、近似業界との比較を通じて、自店をどのように変化させたいのか方針を定め、それを目標として継続的に改善していく……その必要性を十分に理解ください。

■当たり前の武器としてのABC分析

　売上に関する最も基本となる分析手法の一つが「ABC分析」です。POSが入っていれば自動で処理できる場合も多いものです。

　ABC分析は、上位2割の商品が全体売上の8割をつくり出すとい

うパレートの法則（2：8の法則）にもとづく分析手法です。

「売れ筋」「死に筋」を分類し管理していく

次ページの図のように商品ごとに一定期間（業界特性、週品特性に応じて年間、半期、月間、週間等を使い分ける）の売上を計算し、売上を降順に並べ替え、降順に構成比を累積。累計売上構成比が7～8割と9割で区分し、最初のゾーンをAランク、次のゾーンをBランク、それ以降をCランクに設定します。

これによってAランクは売れ筋商品群、Cランクは死に筋商品群と見なし、上位商品群を集中管理していくのです。

Aランクが欠品してしまうと機会損失が大きくなりますから、見落としのないよう、発注管理・在庫管理ともに集中的に実施しなければなりません。同時に、Cランクはなるべく早期にカットする方向で対応を進めていきます。

商品の配列ルールについても、評価したい項目に軸足を置いて同様の分析をすると、いろいろな傾向をつかむことができます。たとえば数量順位で配列し顧客の買上点数に寄与している商品を明らかにする、あるいは最終購買日を起点に配列し反応がなくなっている商品を把握する、というようなこともできるのです。

売上に寄与する商品を重点管理する

分析結果にもとづき重点商品管理を徹底していくことによって、売場全体が常に鮮度のよい上位商品で展開され、動きの悪い死に筋商品は減っていく、こういう流れが整っていきます。

小売現場は常に動いており、作業も少なくありませんから、見落としによる機会損失が発生するリスクを常に抱えています。このリスクを最小化するためには、売上に寄与する商品を中心とする重点管理を

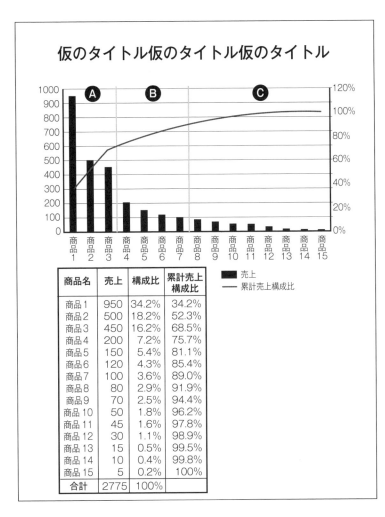

していくことが欠かせないのです。

　このときに注意しなければならないのは、特定の客層にとって目的性が強い商品がCランクに含まれている場合があることです。

　ある食品スーパーで若手の担当者がABC分析をしたところ、Cラ

ンクに「無塩食パン」がありました。繁忙期でもあったため、担当者は店長に確認することなく発注を控えることにしました。するといつしか、ある年配の常連のお客様を見かけなくなりました。

調べてわかったことですが、このお客様は腎臓病のご主人のためにいつも無塩食パンを買っていたのですが、扱わなくなったからと別の店に行くようになったのでした。Cランクをカットしたがために、常連客を失うことになったのです。

このようなことはレアケースであり、死に筋をもち続けるリスクのほうが大きいという判断もできます。しかしながら、限られた商圏のなかで一番店を維持するためには、このような点にも配慮が欠かせないのです。

アマゾンに代表されるインターネット通販ではABランクが少なく、Cランクが過半数を占めるロングテール（the long tail）をあえて実施する場合もあります。一つひとつの商品の販売機会は少なくても、アイテムを数多く幅広く取り揃え、売上全体を大きくしようとするものです。

従来の小売業では売場面積という制約条件があり、ロングテールは好ましい取り組みではなかったのですが、インターネット通販には売場の制約がないため、ある意味では取り扱い可能範囲いっぱいの品揃えができるのです。

効率と非効率の両面を知識として備えつつ、オフラインで戦うのであれば、やはり効率を重視していくことが必要でしょう。そのためにも、上位商品の集中管理を徹底していきたいものです。

■大切にしたい ROA と ROE

収益管理のための基本指標づくりについては、主に日常管理に必要

な観点を中心にポイントを整理しましたが、1年間の成果をとらえる指標としては総資産利益率（ROA：Return On Assets）や株主資本（自己資本）利益率（ROE：Return On Equity）、投下資本利益率（ROI：Return On Investment）などがあります。

　このうち多店舗展開を推進しようとする企業は、少なくとも総資産利益率（ROA）と株主資本（自己資本）利益率（ROE）については、目標管理すべき指標として理解しておくべきです。

総資産利益率 ROA

　総資産利益率（ROA）は、自社が調達したすべての資金をどの程度効率的に運用し、どれだけの利益を生み出しているかを見る指標で、Assets（アセット）は貸借対照表の資産の部分を指します。

　ROAは「純利益÷総資産」で求められます。

　一般的には5％を超えていれば優良企業と判断されるのですが、業態によって幅があるため、自社が属する業態の数値を参照してください。国内小売業の大手だと10％以上になります。このレベルを目標としてチャレンジしていきましょう。

　ROAを改善するには、「純利益を増やす」か「総資産を減らす」かのいずれかが必要になります。

　「純利益を増やす」には、売上高、粗利率、営業利益率、金利等の営業外収益を増やすか、仕入原価や経費を削減するか、です。営業利益を増加させる取り組みを検討していくわけです。

　売上や粗利の拡大といった伸張型のアプローチは不確定要素が大きいため、多くの店舗は出費が確定している仕入れ、販管費、もしくは支払い利息の削減から着手します。なお、これらを実施していく上でも可視化は必須です。

　「総資産を減らす」には、「総資本回転を高める」ことですが、こ

ちらは経営者や経営幹部が過剰投資など投資に関して失策をしなければ改善していくものです。

ROA改善には、全社的に営業利益拡大に全力で取り組むこと、これに尽きます。

株主資本（自己資本）利益率ROE

次にROEは、「純利益÷自己資本（総資産－負債）」で求められます。

自己資本だけでどの程度の利益を生み出しているか、つまり企業が株主から預かった資金である自己資本をどれだけ効率的に活用して利益を上げることができているかを表す指標で、主に経営者、財務担当者が追いかけるべきものです。

国内企業の多くは、借金を少なくし、自己資本比率を高めることで安全性を確保しようとしてきました。そうした歴史的背景があるため、資本が過剰になり資本効率が低下する傾向が強くあります。

以前、経済産業省が発表した日本企業のROEの目標値は、「最低ラインとして8％を超える」とされていましたが、一般的には15％を超えていれば優良企業と判断することができますから、たとえ難しそうであっても、そこに目標を据えましょう。

経済産業省が実施している「企業活動基本調査速報」で、産業別総資産当期利益率（総資産利益率と同義語）が開示されていますので、参照ください。

おわりに

　おかげさまで船井総合研究所は2015年に創業45周年を迎えました。創業以来延べ数千人のコンサルタントが、国内外数万に及ぶ店舗づくりと運営の、指導やお手伝いをしてきました。おそらく日本で最も多くの店舗開発、運営管理を行なってきたスペシャリスト集団ではないかと思います。
　その業務は幅広く、業態開発や品揃え支援、メニュー開発、従業員教育、チラシ・POPなどの販促、インストアプロモーション政策、お客様満足度調査、ミステリーショッピング調査、従業員満足度調査、国内外の店舗視察、マニュアル制作、会員制度構築、物流政策立案、IPOおよびM&Aなど多岐にわたります。海外出店支援や海外企業の店舗開発・運営支援も行なってきました。

　私はアパレルメーカーを経て船井総合研究所に入社し、足かけ30年以上、流通業界のお世話になり、素晴らしい経験と感動を得させていただきました。業界に育てていただいたと痛感しています。
　社会人人生のすべてを流通業とともに歩んできた経験と知識をもとに、小売・流通の世界で多くの実績を残してきたスペシャリストである中野靖織さん、菅原祥公さんとともに、業界への愛情を最大限表現するべく情熱を注ぎ込んで本書を著しました。

　今や店舗ビジネスに夢を託し継続的成長を実現することは、容易ではなくなっています。わが社に持ち込まれる店舗ビジネスのデューデリジェンスの多さや、M&Aの環境を見れば、即座に理解できる事実です。

事前に市場調査や競合調査などを丁寧に行なって出店したとしても、売上停滞に陥るようであれば、それは利益なき繁忙にすぎず、業界内での首の絞め合いの首謀者になるばかりです。

　いくらチェーンストア理論は素晴らしいと唱え、その理論にのっとった店舗レイアウトや商品構成、価格戦略、販促戦略が実践されたとしても、今や日本でもアジアでも世界中どこであろうと、金太郎飴的な店づくりではうまくいかないことは明白です。
　地域一番店になったと胸を張っても、一拠点だけで成長を続けることが困難なことも明白です。
　チェーンストア理論にも個店主義、一番店理論にも、今に生かすべき視点は数多くあります。現代に対応する理解と運用を知ることこそが重要でしょう。

　日本の小売業・飲食業・サービス業の大いなる発展を希求し、あくなき挑戦と研究を続けてこられた多数の経営者、経営幹部、スタッフ、研究者、コンサルタントの先達に本書を捧げるとともに、国内外の実務家の方々には事業に役立てていただき、50年先、100年先に及ぶ健全なる発展を実現していただきたいと切に願っております。
　最後に、本書出版のきっかけをつくってくれた船井総研コーポレートリレーションズ・広報担当の平井和子さん、本書のデータ収集と分析を行なってくれた船井総研の千葉龍之介さんをはじめ、本書に携わってくださった皆さま、また読者の皆さまに、この場を借りて感謝申し上げます。

著者を代表して
岡　聡

株式会社船井総合研究所

　「お客様の業績を向上させること」を最重要テーマとし、現場の即時業績アップ支援に強みを持ち、独自の経営理論に基づくコンサルティングを行っている。

　また、社会的価値の高い「グレートカンパニー」を多く創造することをミッションとし、企業の本質的な「あり方」にも深く関与した支援を実施している。

　その現場に密着した実践的コンサルティング活動は様々な業種・業界から高い評価を得ており、500名のコンサルタントが8,203社のご支援先のサポートにあたっている（2016年現在）。

執筆者紹介

岡　聡（おか　さとし）第1章・3章・4章担当

　株式会社船井総合研究所　執行役員。経済産業大臣登録中小企業診断士。

　1960年生まれ。大学卒業後、一部上場アパレルメーカーに入社。専門店営業担当から新規事業責任者、販売企画課長、商品企画課長、営業課長、ショップ担当課長、ジュニアボードを経て94年船井総合研究所に入社。一貫して流通業のコンサルティングに従事。ドラッグストア、ホームセンター、食品スーパー、専門店チェーン、商業施設、駅ビルなどの開発・活性化、メーカー・卸売業の事業戦略、ブランド開発、商品開発、新規チャネル開発、新業態開発、EC事業立ち上げ、営業部隊活性化、幹部教育など幅広く取り組む。船井流数理マーケティングの第一人者。韓国、中国の流通業の支援実績もある。テレビ、ラジオなどにも出演多数。

　著書に『船井流・「数理マーケティング」の極意』、『売れるコンサルタントの「仕事の技術」』、『人を活かし会社を伸ばす100のキーワード』、共著に『小売業・サービス業のための船井流「店長」大全』（すべて同文舘出版）がある。

中野　靖識（なかの　やすし）第5章・6章・8章担当

　株式会社船井総合研究所　上席コンサルタント。

　中堅出版社を経て1990年株式会社船井総合研究所入社。住生活関連業界を起点として、産業機械業界、自動車関連業界、電機業界とコンサルティングフィールドを拡げ、「大手、中小の規模を問わない」「メーカー、卸、小売の業態を問わない」スタンスで、数多くの業種、業界支援を実施。フランチャイズチェーン等、小売業支援経験が豊富で、現場の戦術、戦闘レベルの業務である商品構成・売場作り・チラシ作成、それらを最大限に生かすための社員教育までカバーしている。

　著書に、共著『成果を上げる　営業の上司力』（中経出版）、共著『会社に入ったらすぐ読む本』（大和出版）がある。

菅原　祥公（すがはら　よしひと）第2章・7章担当

　株式会社船井総合研究所　執行役員　経営改革コンサルティング事業部長。

　1968年生まれ、1991年株式会社船井総合研究所入社。【どのような企業にも必ず"存在意義"があり、常に"長所を核とした成長の種"はある】をモットーに、企業の三宝である「理念やトップのビジョン・戦略」、「マーケティング」、「人・組織・マネジメント」、そしてその結果としての「財務」といった各要素を多角的に判断し、事業全体のデザイン・再構築していくことをテーマにコンサルティング活動している。現在、船井総研の経営戦略コンサルティング部門を統括している。

　著書に『なぜ財務を知っている社員は出世するのか？』（自由国民社）、『図解入門最新ビジネスデューデリがよーくわかる本』（秀和システム）、『図解入門ビジネス最新中期経営計画の基本がよーくわかる本』（秀和システム）、共著「経営の極意」（総合法令出版）がある。

お問い合わせ先

船井総合研究所　無料経営相談窓口

　フリーダイヤル 0120-958-270（平日 9:00 ～ 18:00）

多店舗展開の基本実務

2016年10月21日　第1刷発行

著　者　　株式会社船井総合研究所 流通業活性化プロジェクト
発行者　　八谷　智範
発行所　　株式会社すばる舎リンケージ
　　　　　〒170-0013　東京都豊島区東池袋 3-9-7　東池袋織本ビル1階
　　　　　TEL 03-6907-7827　　FAX 03-6907-7877
　　　　　http://www.subarusya-linkage.jp/
発売元　　株式会社すばる舎
　　　　　〒170-0013　東京都豊島区東池袋 3-9-7　東池袋織本ビル
　　　　　TEL 03-3981-8651（代表）
　　　　　　　03-3981-0767（営業部直通）
　　　　　振替 00140-7-116563
　　　　　http://www.subarusya.jp/
印　刷　　ベクトル印刷株式会社

落丁・乱丁本はお取り替えいたします。
ⓒ Funai Consulting Incorporated 2016 Printed in Japan
ISBN978-4-7991-0508-5